“十一五”国家重点图书出版规划项目
国家自然科学基金项目(70701015)

陕西科学技术厅资助出版
陕西省高校哲学社会科学特色学科建设项目
(省教委〔2009〕6号)
陕西省科技厅软科学项目(2010KRM125)
陕西省科技厅工业攻关项目(2011SE045)
陕西省教育厅软科学研究项目(12JK0052)

21世纪
科技与社会发展丛书
(第六辑)

丛书主编 徐冠华

创新型服务业与总部经济发展研究

张克英 郭 伟 姜 铸 /著

科学出版社
北京

内 容 简 介

本书以创新型服务业和总部经济为研究对象，结合当下区域转变经济发展方式、实现产业升级与功能转型的发展特点与规律，立足区域发展的实际情况，运用系统工程、管理学、区域经济等理论，以西安高新技术产业开发区为例，通过对创新型服务业与总部经济这两种新型业态和经济模式进行深入探讨与现状剖析，总结与探讨了在转变经济发展方式的背景下，创新型服务业与总部经济发展的成功经验与实现途径，为区域发展和世界一流科技园区的建设提供借鉴。

本书适合各地区及各类开发区等相关主管部门的工作者阅读，同时也可以作为高校经济管理类高年级本科生、研究生，以及相关领域理论研究者的参考用书。

图书在版编目(CIP)数据

创新型服务业与总部经济发展研究/张克英，郭伟，姜铸著.—北京：科学出版社，2013.3

(21世纪科技与社会发展丛书)

ISBN 978-7-03-036979-6

Ⅰ.①创… Ⅱ.①张… ②郭… ③姜… Ⅲ.①服务业-经济发展-研究 ②企业经济-经济发展-研究 Ⅳ.①F719②F270

中国版本图书馆CIP数据核字（2013）第043996号

丛书策划：胡升华 侯俊琳

责任编辑：侯俊琳 李 嫤 程 凤/责任校对：韩 杨

责任印制：李 彤/封面设计：黄华斌

编辑部电话：010-64035853

E-mail：houjunlin@mail.sciencep.com

科学出版社出版

北京东黄城根北街16号

邮政编码：100717

http://www.sciencep.com

北京厚诚则铭印刷科技有限公司印刷

科学出版社发行 各地新华书店经销

*

2013年4月第 一 版 开本：B5（720×1000）

2022年4月第八次印刷 印张：13 1/4

字数：260 000

定价：88.00元

（如有印装质量问题，我社负责调换）

“21 世纪科技与社会发展丛书”第六辑

编委会

总　序

进入21世纪，经济全球化的浪潮风起云涌，世界科技进步突飞猛进，国际政治、军事形势变幻莫测，文化间的冲突与交融日渐凸显，生态、环境危机更加严峻，所有这些构成了新世纪最鲜明的时代特征。在这种形势下，一个国家和地区的经济社会发展问题也随之超越了地域、时间、领域的局限，国际的、国内的、当前的、未来的、经济的、科技的、环境的等各类相关因素之间的冲突与吸纳、融合与排斥、重叠与挤压，构成了一幅错综复杂的图景。软科学为从根本上解决经济社会发展问题提供了良方。

软科学一词最早源于英国出版的《科学的科学》一书。日本则是最早使用“软科学”名称的国家。尽管目前国内外专家学者对软科学有着不同的称谓，但其基本指向都是通过综合性的知识体系、思维工具和分析方法，研究人类面临的复杂经济社会系统，为各种类型及各个层次的决策提供科学依据。它注重从政治、经济、科技、文化、环境等各个社会环节的内在联系中发现客观规律，寻求解决问题的途径和方案。世界各国，特别是西方发达国家，都高度重视软科学研究和决策咨询。软科学的广泛应用，在相当程度上改善和提升了发达国家的战略决策水平、公共管理水平，促进了其经济社会的发展。

在我国，自十一届三中全会以来，面对改革开放的新形势和新科技革命的机遇与挑战，党中央大力号召全党和全国人民解放思想、实事求是，提倡尊重知识、尊重人才，积极推进决策民主化、科学化。1986年，国家科委在北京召开全国软科学研究工作座谈会，时任国务院副总理的万里代表党中央、国务院到会讲话，第一次把软科学研究提到为我国政治体制改革服务的高度。1988年、1990年，党中央、国务院进一步发出“大力发展软科学”、“加强软科学研究”的号召。此后，我国软科学研究工作体系逐步完善，理论和方法不断创新，软科学事业有了蓬勃发展。2003～2005年的国家中长期科学和技术发展规划战略研究，是新世纪我国规模最大的一次软科学研究，也是最为成功的软科学研究之一，集中体现了党中央、国务院坚持决策科学化、民主化的执政理念。规划领导小组组长温家宝总理反复强调，必须坚持科学化、民主化的原则，最广泛地听取和吸收科学家的意见和建议。在国务院领导下，科技部会同有关部门实现跨部门、跨行业、跨学科联合研究，广泛吸纳各方意见和建议，提出我国中长期科技发展总体思路、目标、任务和重点领域，为规划未来 15 年科技发展蓝图做出了突出贡献。

在党的正确方针政策指引下，我国地方软科学管理和研究机构如雨后春笋般大量涌现。大多数省、自治区、直辖市政府，已将机关职能部门的政策研究室等机构扩展成独立的软科学研究机构，使地方政府所属的软科学研究机构达到一定程度的专业化和规模化，并从组织上确立了软科学研究在地方政府管理、决策程序和体制中的地位。与此同时，大批咨询机构相继成立，由自然科学和社会科学工作者及管理工作者等组成的省市科技顾问团，成为地方政府的最高咨询机构。以科技专业学会为基础组成的咨询机构也非常活跃，它们不仅承担国家、部门和地区重大决策问题研究，还面向企业提供工程咨询、技术咨询、管理咨询、市场预测及各种培训等。这些研究机构的迅速壮大，为我国地方软科学事业的发展铺设了道路。

软科学研究成果是具有潜在经济社会效益的宝贵财富。希望“21 世纪科技与社会发展丛书”的出版发行，能够带动软科学的深入研究，为新世纪我国经济社会的发展做出积极贡献。

徐冠华

2009 年 2 月 21 日

第六辑序

近年来，软科学作为一门立足实践、面向决策的新兴学科，在科学技术飞速发展和经济全球化的今天，越来越受到社会各界的广泛关注，已经成为中国公共管理学科乃至整个社会科学研究领域一个极为重要且富有活力的部分。当前，面对国际政治经济形势的急剧变化和复杂局面，我国各级政府将面临诸多改革与发展的种种问题，需要分析研究、需要正确决策，这就需要软科学研究的有力支撑。

陕西科教实力位居全国前列，拥有丰富的知识和科技资源。利用好这一知识资源优势发展陕西经济，构建和谐社会，并将一个经济欠发达的省份建设成西部强省，一直是历届陕西省委、省政府关注的重要工作。在全省上下深入学习科学发展观之际，面对当前国际金融危机，如何更好地集成科技资源，提升创新能力，通过建立产、学、研、用合作互动机制，促进结构调整和产业升级，推动经济社会发展，是全省科技工作者需要为之努力奋斗的目标。软科学研究者更是要发挥科学决策的参谋助手作用，为实现科技强省献计献策。

陕西省的软科学研究工作始于 1990 年，在国内第一批建立了软科学研究计划管理体系，成立了陕西省软科学研究机构。多年来，通过理论与实践的结合，政府决策和专家学者咨询的融合，陕西省软科学研究以加快陕西改革与发展为导向，从全省经济社会发展的重大问题出发，组织、引导专家学者综合运用自然科学、社会科学和工程技术等多门类、多学科知识，开展战略研究、规划研究、政策研究、科学决策研究、重大项目可行性论证等，取得了一批高水平的研究成果，为各级政府和管理部门提供了决策支撑和参考。

为了更好地展示这些研究成果，近年来，陕西省科技厅先后编辑出版了《陕西软科学研究 2006》、《陕西软科学研究 2008》，受到了省内广大软科学研究工作者的广泛关注和一致好评。为了进一步扩大我省软科学研究成果的交流，促进应用，自2009年起，陕西省科技厅资助出版“21世纪科技与社会发展丛书”。该丛书第六辑汇集了我省近一年来优秀软科学成果专著10部，对于该丛书的出版，我感到非常高兴，相信丛书的出版发行，对于扩大软科学研究成果的影响，凝聚软科学研究人才，多出有价值、高质量的软科学研究成果，有效发挥软科学研究在区域科技、经济、社会发展中的咨询和参谋作用，不断提升我省软科学研究水平具有重要意义。

感谢各位专家学者对丛书的贡献，感谢科学出版社的大力支持。衷心希望陕西涌现出更多的在全国有影响的软科学研究专家和研究成果。祝愿丛书得到更为广泛的关注，越办越好。

2012年9月

前　言

中心城市在向国际化大都市演进的过程中，必然要面临城市经济结构转型的问题。随着传统制造业的梯度转移、老旧工厂的关闭，寻求经济增长的新动力引擎，实现城市产业升级和功能转型是保持城市持续发展和繁荣的关键。中国在现代化进程中，也不可避免地会遇到大城市经济发展方式转变的问题，而且这个问题已经成为北京、上海、广州等中心城市面临的一个重大战略问题，在未来的若干年中，南京、西安等各大城市也将面临这一问题。2005 年国务院总理温家宝明确提出，要将北京、上海、西安等地的高新技术产业开发区（简称高新区）建设成为世界一流的高新技术园区。随着各大城市、高新区与开发区之间竞争的加剧，急需寻找促进各个区域经济持续高速增长的新途径。创新型服务业、总部经济作为新型业态和经济模式，能够为各区域实现经济发展方式的转变和持续发展提供一种重要的战略选择，也是建设世界一流科技园区的必然要求，是推进创新型城市建设的重要选择。

目前国内对创新型服务业和总部经济的研究尚处于探索阶段，现有文献主要从创新型服务业和总部经济的重要性，二者与城市发展和经济增长的关系等方面展开，对创新型服务业和总部经济的内涵及业态形式还存有争议，对各区域如何发展创新型服务业和总部经济，其发展的影响因素等的研究还较缺乏，对发展创新型服务业和总部经济与区域经济之间的作用关系、路径选择等相关研究也较少。

随着各类开发区数量的增加，开发区之间的竞争越来越激烈，利用优惠政策的优势逐渐削弱，使高新区的经济增长受到了限制，急需寻找促进高新区经济持续高速增长的新途径。创新型服务业和总部经济作为新的经济模式，为高新区的持续发展提供了一种重要的战略选择。因此，本书对前期研究成果与实践经验进行整理，并展开论述与分析，以期为各大城市、高新区与经济开发区的政府主管部门和广大学者在实践发展与理论研究等方面提供一定的指导与参考，对区域经济发展方式的转变与经济的持续发展有所助益。

本书由“创新型服务业”和“总部经济”两部分组成。上篇——创新型服务业研究，首先界定了创新型服务业的概念，对创新型服务业进行了分类，并与其他相关概念进行了比较，在此基础上，全面深入地分析了西安高新技术产业开发区（简称西安高新区）创新型服务业发展取得的成就和存在的不足，深刻剖析了其面临的机遇与挑战，并采用实证研究的方法探究了制约创新型服务业发展的关键性因素，提出了适合西安高新区创新型服务业发展的战略定位及发展重点，进一步明确了西安高新区创新型服务业的主导产业及其发展战略，提出了西安高新区创新型服务业发展的途径和相应的对策建议；下篇——总部经济研究，以西安高新区为背景，通过对西安高新区总部企业的调查研究，系统深入地探讨了西安高新区经济发展与总部经济发展之间的耦合、协同关系，阐释了发展总部经济对西安高新区经济发展的重要作用，提出了促进西安高新区总部经济发展的关键因素，即知识创新和金融服务，并分别对两者进行实证研究，通过对知识创新体系和金融服务体系的构建和完善，为以提升企业知识创新能力和完善高新区金融服务为主要战略途径促进总部经济发展提出了相应的对策建议，相关建议还在西安市政府、西安高新区管理委员会（简称管委会）的推动下进行了应用推广研究。

本书研究成果已被陕西省发展和改革委员会、西安市人民政府、西安市人民政府研究室、西安市发展和改革委员会、西安高新技术产业开发区管理委员会等相关政府部门和研究机构在政策制定及推进实施等相关工作中所采用。

本书由张克英副教授、郭伟教授和姜铸副教授编写，并由张克英副教授负责统稿，所采用的统计分析数据来源于《西安高新区经济与社会发展年鉴》、《西安高新区发展研究报告》和实际调研。由于时间和水平所限，书中难免存在疏漏之处，敬请各位读者、专家不吝赐教。

作　者

2012年7月5日

目　录

上篇　创新型服务业研究

西安高新区在近20年的发展中取得了丰硕的成果，为国民经济做出了突出贡献。其凭借西安的综合科技优势和基础工业优势，从实际出发，大胆探索，通过体制创新和技术创新，已初步形成了现代服务、先进制造、电子信息和生物医药四大主导产业。2008年实现GDP（国内生产总值）618亿元（占全省GDP的9%），营业收入2410.5亿元，主要经济指标继续保持了30%以上的增速（西安高新技术产业开发区管理委员会，2009a）。西安高新区已有效地激活了本地科技资源，营造了良好的市场化环境；提高了创新实力和资源聚集能力；初步形成了以高新技术产业为主导的产业集群新格局；促进了科技成果的研发、转化和科技产业的发展。其综合指标位居我国内地54个国家级高新区前四位，成为我国内地高新技术产业发展最快的区域之一。西安高新区充分发挥辐射带动作用，成为发展地方经济，实现“科技兴市”、“科技兴省”的重要力量，已被国家确定为六个拟建世界一流科技园区之一。

世界一流科技园区是一个国家或地区核心竞争力和国际影响力的重要标志。建设世界一流科技园区是西安落实国家自主创新战略的历史使命；是国家发展和改革委员会制订的《关中—天水经济区发展规划》的重要组成部分；是西安为实现西部强省目标做出贡献的重要举措；是建设创新型城市、实现西安率先发展的迫切需要和有利契机。

创新型服务业是高新技术产业链中的重要一环，是一种具有极强生命力的朝阳产业。发展创新型服务业是提升西安高新区自主创新能力、建设世界一流科技园区的必然要求，是带动西安高新区产业结构升级、推进创新型城市建设的重要选择，是发挥西安高新区创新资源优势、辐射带动西部产业创新发展的重要方向，是西安高新区承接国际产业转移、参与全球发展竞争的重要途径。因此，研究创新型服务业，对西安高新区创建世界一流科技园区以实现可持续发展具有重大意义。

第一章　创新型服务业的分类及发展态势分析

第一节　创新型服务业的概念界定

关于创新型服务业的概念和范围，目前理论界还未达成共识，现有相关文献对创新型服务业的概念界定主要有以下几种（表 1-1）。

表 1-1　创新型服务业的概念

创新型服务业的概念	来源
创新型服务业是指以高新技术特别是信息和通信技术（ICT）作为重要支撑，以服务为表现形态，服务手段更先进、服务内容更新颖、科技含量和附加值更高的新兴服务业态	《中关村创新型服务业发展报告》（赵弘和王小兰，2007）
创新型服务业是现代服务业的核心和重要组成部分，是以信息技术和网络技术等高新技术作为支撑、技术关联性强、科技含量高和附加值高的新兴服务业	《北京创新型服务业研究》（傅正华等，2008）
知识密集型服务业（创新型的服务业）是运用互联网、电子商务等信息化手段的现代知识服务业，其产品价值体现在信息服务的输送和知识产权上	《国务院发展研究中心调查报告第 99 号》（国务院发展研究中心，2001）
创新型服务业是现代服务业的重要组成部分，是伴随信息技术的发展出现的高新技术产业服务化和服务业高新技术化，是二者相互融合交叉催生的产物，是指以高新技术作为支撑、技术关联性强、科技含量和附加值高的新兴服务业态，是服务业中最具创新活力的产业	《北京创新型服务业的提出背景及发展特点分析》（魏永莲，2008）

通过对相关文献的梳理并结合对创新型服务业发展现状的归纳，本书采纳赵弘和王小兰（2007）的观点，认为创新型服务业是现代服务业的核心和重要组成部分，是指以高新技术特别是信息和通信技术作为重要支撑，以服务为表现形态，服务手段更先进、服务内容更新颖、科技含量和附加值更高的新兴服务业态。

第二节 创新型服务业的业态划分

目前对创新型服务业的分类主要体现在以下三个方面（表 1-2）。

表 1-2 现有文献对创新型服务业的分类

分类依据	创新型服务业分类	来源
从产业演变的动力因素角度划分	（1）技术进步直接产生的新的服务业形态（移动通信、互联网信息服务、计算机服务、软件、数字内容等行业） （2）制造业产业由于市场分工更加专业化而衍生、分化出现的依托科技进步的生产性服务业形态（研发服务、技术交易、技术咨询、设计创意等行业） （3）依托科技进步特别是信息技术发展提升传统服务业质量和水平的服务业形态（电子商务、电子政务、现代物流、远程教育、远程医疗等行业）	《中关村创新型服务业发展报告》（赵弘和王小兰，2007）
从对服务业的影响程度划分	（1）研发设计、工业设计等创意行业（视频动漫、网络传媒、网络游戏、数字娱乐等新兴行业） （2）高新技术产业衍生的新型服务业（基于网络技术和通信技术的新兴服务业） （3）制造业分化出来的智力密集型服务业（咨询、技术市场等产业） （4）科技渗透的传统服务业（电子银行、电子商务、电子证券、现代物流等行业）	《北京创新型服务业研究》（傅正华等，2008）
从服务生产方式维度划分	（1）金融服务业（银行业、证券业、保险业、其他金融活动） （2）信息与通信服务业（电信和其他信息传输服务业、计算机服务业、软件业） （3）科技服务业（研究与试验发展服务业、专业技术服务业、工程技术与规划管理服务业、科技交流和推广服务业） （4）商务服务业（法律服务业、咨询与调查服务业、其他商务服务业）	《知识密集型服务业的概念与分类研究》（魏江等，2007）

为了能更准确、全面地对创新型服务业进行分类，本书在参考表 1-2 中分类的基础上，充分结合西安高新区发展现状，以《国民经济行业分类》（GBT4754—2002）为依据，从高新技术和现代服务业融合的角度，对创新型服务业进行了分类（表 1-3）。

表 1-3 创新型服务业分类

分类	类别	主要服务项目
1. 依托科技进步的生产性服务业形态（制造业产业由于市场分工更加专业化而衍生、分化出现的依托科技进步的生产性服务业形态）	(1) 研发及技术转移	研究与试验发展、专业技术服务、企业孵化器、技术交易等
	(2) 中介服务	律师事务所、会计师事务所、咨询公司、人才中介机构等专业服务机构（含调查）等
2. 从高新技术产业分蘖形成的新的服务业形态	(3) 信息服务	移动通信、互联网信息服务、计算机服务等
	(4) 软件及服务外包	基础软件服务、应用软件服务、其他软件服务等
3. 科技、经济和文化融合而成的创意产业	(5) 文化创意	视频动漫、网络传媒、网络游戏、数字娱乐等
4. 其他服务行业通过高新技术产业提升能力、质量和效率，被赋予新的发展内涵而形成的相对独立的服务业态	(6) 金融业	电子银行、电子交易、电子证券等
	(7) 现代物流	数码仓库、配送中心、第三方物流、连锁商业和配送服务等
	(8) 现代商业	电子商务等
	(9) 教育培训	远程教育等
	(10) 卫生、社会保障与社会福利业	远程医疗等

第三节 相关服务业的易混概念及分类比较

现代服务业、创新型服务业和生产性服务业是近年来国内外学术界随着服务业的产业化发展，对其内在属性进行的重新界定，三者既有密切的联系，也有显著的区别。

通过与传统服务业的比较，给出了现代服务业这一全新概念，具体包括“三新”和“三高”，即“新技术、新业态与新方式”和“高人力资本量、高技术含量与高附加值”等特征。创新型服务业的概念和分类在本章第一节和第二节中已分别进行了界定和划分。来有为（2010）将服务业分为四类，即“①为市场消费者直接提供服务的消费者私人服务业；②为生产者的生产直接提供中介服务的生产性服务业；③为消费者和生产者提供商品或供应商品的分销服务业；④为消费者和生产者提供公共服务的社会服务业”。其通过对服务业所面向的服务对象加以区分，提出了生产性服务业。

根据国家统计局的分类标准，生产性服务业包括房地产服务、交通运输、信息服务、商务服务、科研服务和金融服务等六个行业。《国民经济和社会发展第十一个五年规划纲要》指出，生产性服务业主要包括交通运输、现代物流、金融服务、信息服务和商务服务等行业。虽然对生产性服务业的分类标准还不统一，但也能够看到，以交通运输、现代物流、金融服务、技术研究与开发、信息服务和商务服务等行业为主要内容的生产性服务业得到了广大学者的普遍认可。参考《国民经济行业分类》（GBT4754 — 2002）对服务业的分类，三者的外延基本可以通过表 1-4 来表达。

表 1-4　现代服务业理论研究型分类比较

类别	基本行业	现代服务业	创新型服务业	生产性服务业
金融服务类	银行、证券、信托、保险、融资、金融租赁、金融担保、典当等	√	√	√
会计服务类	会计代理、审计事务、资产管理、信用管理、财务公司等	√	√	√
信息服务类	计算机系统服务、数据处理、硬件设计顾问、基础软件服务、应用软件服务等	√	√	√
研发技术类	产品研发、技术转让、技术测试分析、工艺设计、知识产权交易服务等	√	√	√
人力资源类	人才招聘代理、人才培训、人力资源配置、岗位技能鉴定、猎头公司、劳动力市场等	√	√	√
法律服务类	法律咨询与顾问、法律事务代理、公正、调节、仲裁、有关专利产权方面的顾问等	√	√	√
商业服务类	会议及展览服务、电子商务、市场调查、广告代理、包装服务、保安服务、礼仪服务等	√	√	√
管理咨询类	战略咨询、信息咨询、投资决策分析、项目可行性分析、自制认证、质量认证、管理顾问等	√	√	√
经营组织类	投资管理、企业托管、物流、配送、产品批发、商品代理、监理、经纪、租赁等	√	√	√
通信服务类	电信、互联网、广播电视传输、卫星传输等	√	√	√
消费性服务类	房地产业、住宿业、旅游业、餐饮业、文化、高等教育、医疗保健、体育和娱乐业、商品零售业、职业中介服务、社区服务业等	√		√（文化创意、远程教育、中介服务）
政府公益性服务类	公共卫生、社会保障、社会福利、水利、环境和公共设施管理、专业技术服务等	√		√（远程医疗）

资料来源：刘荣明，2006

综上所述，生产性服务业作为现代服务业的重要组成部分，是根据服务业的对象进行区分的概念，它主要是为生产活动提供中间投入的服务业，直接或间接为生产、经营活动等提供中间服务，而不直接向个体消费者提供最终消费服务。创新型服务业作为现代服务业的高端，是从高新技术角度界定的概念。创新型服务业与生产性服务业之间有交集，在交集的部分里，创新型服务业所指的只是以高新技术作为支撑、技术关联性强、科技含量和附加值高的新兴服务行业。然而生产性服务业还包括创新型服务业没有涵盖的一个行业——交通运输。

第二章　西安高新区创新型服务业发展分析

第一节　西安高新区现代服务业发展现状

现代服务业已经成为西安高新区的支柱产业。2005 年以来，随着高新技术产业对服务业的有力拉动和西安高新区一、二期的城市中心化，现代服务业在西安高新区产业发展中的比重快速提高，产业升级的势头强劲。西安高新区已经将现代服务业列为园区内的重点发展产业，并在“两带四区七园（基地）”的整体规划中明确提出要建设“万亿现代服务产业带”。2008 年，全区现代服务业营业收入为 811 亿元，增长率连续数年保持在 30%以上。现代服务已经与先进制造、电子信息和生物医药成为西安高新区的四大主导产业，是推动西安高新区持续高速增长的重要动力，也是西安高新区重点推动发展的产业领域。

现代服务业发展尚不均衡，具有很大提升空间。从图 2-1、图 2-2 可以看出，在营业收入方面，现代服务业中的现代商业和房地产所占比重分别为 60%和 11%，研发及技术转移、信息服务、金融业所占比重分别为 6%、12%、5%，软件及服务外包所占比重约为 3%，而文化创意、教育培训和卫生社会保障与社会福利所占比重仅为 1%。税收方面，现代商业和房地产上缴税收占整个现代服务业的 55%，远大于其他业态。可见西安高新区现代服务业发展还不均衡，部分业态比重偏小，具有很大的发展空间。

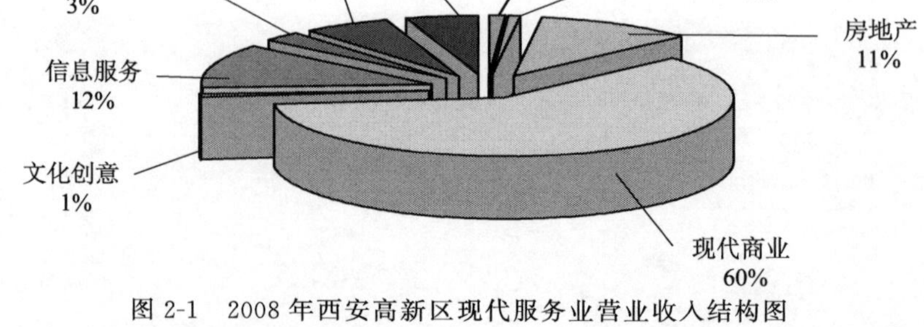

图 2-1　2008 年西安高新区现代服务业营业收入结构图

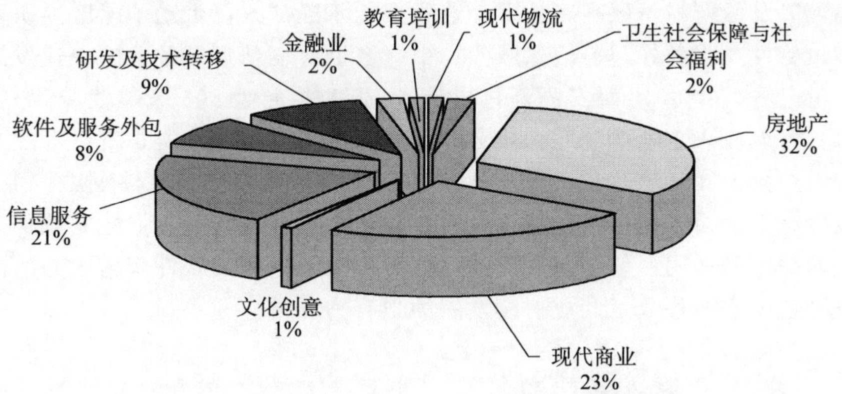

图 2-2 2008 年西安高新区现代服务业税收结构图

第二节 西安高新区创新型服务业取得的成就

经过 18 年的持续发展，西安高新区的创新能力和产业发展能力得到了很大的提高，各项主要经济指标在西安经济发展中所占的比重越来越大，对地方经济的贡献越来越大。创新型服务业作为现代服务业的高端与核心，也随着高新技术与现代服务业的融合发展取得了丰硕成果。

一、创新型服务业粗具规模

（一）创新型服务业总量不断增大

2008 年，西安高新区创新型服务业营业收入 226 亿元，占现代服务业总营业收入的 27.9%，较上年增长 39.0%，高于平均增长水平近 10 个百分点，增长速度很快。上缴税收 10.8 亿元，占现代服务业上缴税收的 44.2%，较上年增长 42.2%，共有注册企业 1126 家，占现代服务业企业总数的 44.8%，较上年增长 36.5%（西安高新技术产业开发区管理委员会，2009a）。可以看到，西安高新区创新型服务业发展很快，主要指标均保持了 35%以上的增长，有力推动了西安高新区的整体经济发展。

（二）重点行业发展态势喜人

西安高新区作为国家级高新技术开发区，高新技术产业聚集是其区别于其他高新区最根本的发展态势之一。全球出现的服务业知识化与制造业服务化两大发展趋势，以及西安高新区高新技术产业集聚的不断深入，带动了园区内研发及技术转移、软件及服务外包、信息服务、中介咨询等创新型服务业的快速发展。从企业数量上看，2008年西安高新区共有上述四类企业893家，较2007年增长36.5%；营业收入169.7亿元，较2007年增长20.4%（西安高新技术产业开发区管理委员会，2009a）。在研发及技术转移方面吸引了华为技术有限公司、中兴通讯股份有限公司、研祥智能科技股份有限公司等业内龙头企业建立总部，有效发挥了龙头带动作用；软件及服务外包方面形成了以西安软件园为中心的国家软件服务外包中心，形成了产业持续发展的强有力基础。

二、配套设施不断完善

（一）优良的公共基础设施提升了园区环境水平

2008年西安高新区占地35平方公里，投入基本建设资金114亿元，建成了高标准的路网、通信、供水、供电、供气等公用设施。打通了唐延路北段、高新路南段、科技六路等断头路和窄幅路，使进出西安高新区的门户更加便捷。2008年新建中英文站牌38块，新增公交候车亭102个。西三环、绕城高速等城市快速通道近在咫尺，使西安高新区的交通更加便利。西安高新区绿化总面积91万平方米，绿化覆盖率达36%（西安高新技术产业开发区管理委员会，2009a）。2009年8月，西安高新区管委会迁至锦业路都市之门，建立了国内领先的电子政务系统，实现了“一厅式”政务办公，这有助于西安高新区管委会更好地为园区内的企业服务。

（二）配套政策措施保证产业健康发展

2008年，为了确保西安高新区建设世界一流园区目标的实现，陕西省、西安市政府相继出台了力度空前的《关于支持西安高新区建设世界一流科技园区的若干意见》。同年，西安高新区提出“两带四区七园（基地）”的整体规划，全力打造现代服务业的“万亿元产业带”，并出台了一系列的政策措施。例如，2009～2011年，西安市财政每年设立1亿元专项资金，用于支持西安高新区建设世界一流科技园区；将重大科技专项资金、中小企业专项资金、技术创新专项资金和科技经费等优先安排在西安高新区，实施扶植政策等优惠政策。在招商引资方面，西安高新区出台大量优惠政策，鼓励世界主要跨国公司和大型企业集团在园区内设立地区总部或研发中心、运营中心、采购中心、结算中心等智能型总部，并出台《西安高新区吸引高层次人才优惠政策》等一系列政策措施，大力吸引海内外高水平人员进入园区进行创业，这些政策措施的实施有效地支持了产业的发展。

三、人力资源结构不断优化

西安高新区聚集了国内外大量高端资源，截至 2008 年，累计注册企业 12 000多家，其中，外资企业 900 多家，世界 500 强及著名跨国公司投资的企业及研发机构 60 多家，境内外上市公司 24 家；吸引了包括2400多名留学人员、1.5 万名博士硕士在内的 25 万名就业人员，其中大专以上学历人员 160 611 人，较上年增长 32.67%，中级职称人员 46 806 人，高级职称人员 18 045 人（西安高新技术产业开发区管理委员会，2009a）。创新型服务业作为具有高技术含量和高人力资本含量特点的产业，对高学历、高技术人才的吸收能力是显著的。以软件及服务外包为例，截至 2008 年年底，西安高新区共有 700 余家软件及服务外包企业，其从业人员至少具备大专以上学历，这些拥有较高学历的人员进入西安高新区工作，优化了西安高新区整体从业人员的结构，营造出活跃的创新氛围，对西安高新区发展具有极大的促进作用。

四、科技创新成效显著

（一）科技转化能力不断加强

西安高新区形成了以企业为主体、产学研合作为纽带、多种服务网络平台为支撑的科技创新体系，累计转化重大科技成果 8000 多项。权威咨询机构赛迪顾问发布的《中国开发区创新能力评价报告》显示，西安高新区创新能力在 107 个国家级各类开发区中居第三位（新望，2009）。

（二）自主创新成果丰硕

西安高新区提出要紧紧把握世界范围内信息化、网络化、数字化快速发展的历史机遇，坚持自主创新特色，努力掌握关键、核心技术，涌现出一批拥有自主特色与核心技术的企业。截至 2008 年年底，西安高新区有国家级各类计划上千项，其中，国家技术创新基金支持项目总数连续五年在全国高新区中位居榜首。

2008 年，西安高新区共获得国家、省、市各类科技产业计划立项 672 项，获得资金合计 4.35 亿元（西安高新技术产业开发区管理委员会，2009b）。在知识产权方面，2008 年新增知识产权 7765 件，较 2007 年增长 100%，平均每天产生 31 件知识产权。其中，专利 4543 件，同比增长 101%，发明专利占专利申请量的 34.1%，高于国家平均水平 8.9 个百分点；商标 1207 件，同比增长 97%；

版权2015件，同比增长97%。2008年，资助了116家企业的704项知识产权项目，资助总金额308.18万元（西安高新技术产业开发区管理委员会，2009a）。这充分表现出西安高新区作为西安乃至整个关中—天水地区率先发展的“排头兵”和“增长极”在科技创新方面的拉动作用。

五、经济拉动作用不断增强

（一）税收贡献显著

创新型服务业具有高附加值的特点，通过提供各项服务，从业企业可获得高额利润，进而增加地方财政收入。2006～2008年，西安高新区创新型服务业的缴税总额均占现代服务业缴税总额的40%以上，尤其是研发及技术服务业，其税收增加率更是达到年均67%，成为地方财政收入新的增长点（西安高新技术产业开发区管理委员会，2009b）。

（二）消费拉动作用明显

收入高、消费能力强是创新型服务业从业者所具有的普遍特点，由此类人员所产生的消费主要为最终消费，最终消费项目繁多、档次较高、数额巨大，这一消费特点所带来的消费结构变化必然促使供给结构的变化，并最终促使产业结构的提升与优化。截至2008年年底，西安金鹰国际购物中心、世纪金花商业控股有限公司等以经营国际、国内精品品牌商品为主，集世界顶级品牌专营、西餐厅、文化广场、精品超市等多种功能为一体的大型连锁商业企业促进了西安高新区乃至西安市场的高端消费。

（三）对高新技术产业支撑作用明显

截至2008年年底，制造业服务化的趋势日益明显。众多的制造业企业从单一地关注产品生产转移到关注产品的全生命周期，即从市场调查、产品开发或改进、生产制造、销售、售后服务，一直到产品的报废、解体或回收。制造业企业不再单一提供产品，而是提供包含产品、支持、服务、自我服务和知识在内的“集合体”。西安高新区创新型服务业的蓬勃发展正是顺应了这种产业发展的趋势与潮流，创新型服务业发展水平的高低对高新技术企业能否实现哑铃式发展，即向研发与营销两端发展，从而获得持续的竞争优势起着决定性的作用。

第三节 西安高新区创新型服务业发展的不足

通过对北京中关村高科技园区、上海张江高科技园区及深圳高新技术产业园区的调研情况进行分析，并广泛征询 30 余位专家、企业管理人员的意见，再对比西安高新区创新型服务业发展的实际情况，可以发现，西安高新区创新型服务业的发展仍处于初级阶段，与东部发达地区仍有一定差距，主要表现在以下几个方面。

一、龙头企业尚未成形成

2008 年，在 1126 家创新型服务业企业中，营业收入超过 1 亿元的企业数量仅为 22 家，超过 10 亿元的仅为 5 家，所占比例不足总量的 2%，在研发及技术转移、软件及服务外包、信息服务等重点领域中，仅有 3 家营业收入超过 10 亿元。上缴税收方面，创新型服务业企业中上缴税收超过 1 亿元的仅为 3 家，超过 5000万元的仅为 7 家，并没有体现出创新型服务业应有的高附加值特点（西安高新技术产业开发区管理委员会，2009a）。上述数据表明，从事创新型服务业的企业多为中小型，其组织规模决定了其无法提供较为大量的优质服务，无法产生有效的集聚作用，无法拓展西安高新区的发展空间，同时也说明了园区内龙头企业的数量偏少，对行业的带动作用不够突出，企业与企业间、企业与高校间、企业与中介机构间、企业与政府间的双方与多方合作交流不够充分。

二、高层次人才相对不足

从创新型服务业从业企业的角度来看，人才储备的质量，特别是高端人才储备的质量决定着企业的发展能力。截至 2008 年年底，虽然西安高新区已经引入了大量的博士及海外留学人员，并在招商引资方面成果显著，人才数量粗具规模。但应该看到，在人才方面，西安高新区创新型服务业的发展仍然落后于东部沿海地区。如何吸引尖端人才，进一步留住人才，是亟待解决的问题。

如图 2-3、图 2-4 所示，认为西安高新区创新型服务业企业人才结构情况合理与企业间人员流动情况好的比例分别为 33%与 24%，而认为不合理和不好的分别达到 55%与 58%，这说明西安高新区创新型服务业在人力资源方面存在着人才结构不合理、人员流动率不高两大突出问题。在人才结构方面，主要表现为高端人才数量相对较少，如在研发及技术转移、软件及服务外包等方面，一般性人才供给充足，但缺乏国内外顶尖的人才与团队。在中介咨询方面，缺乏知名的律师事务所、会计师事务所等中介咨询机构。人员流动方面主要表现为人员流动率低，而较低的人员流动率会在一定程度上固化企业的创新意识，减弱企业活力，延缓甚至阻碍企业的发展。

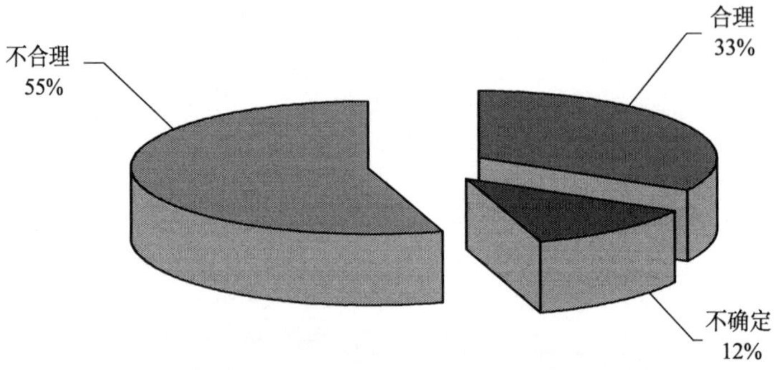

图 2-3 西安高新区创新型服务业人才结构合理性情况

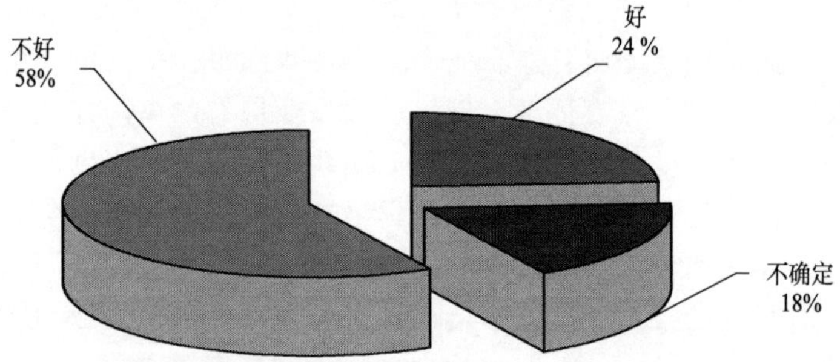

图 2-4 西安高新区创新型服务业企业间人员流动情况

三、内部行业发展不均衡

从行业内部结构角度看，西安高新区创新型服务业主要集中于产业链的中低端。企业缺乏主动出击，向产业链两端延伸，向价值链高端迈进的动力。掌握技术发展趋势和核心技术、站在国际技术前沿的企业相对较少。从整个行业投资来源看，民间资本的活力还未被完全激发出来，目前创新型服务业发展迅速的主要原因是政府政策措施的支持，而民间资本的作用却不突出。这集中表现为金融及物流体系对现代服务业的支撑作用弱，2008 年，金融及物流分别只占现代服务业营业收入的 4.7%与 0.8%，总体结构上的不平衡严重制约了西安高新区创新型服务业及整个园区的发展。

2009 年以来，西安高新区的创新型服务业已进入高速成长阶段，单纯依靠以政府为主导的发展模式已经不能满足产业发展的需要。对创新型服务业企业，不但应从人才、税收、资金等方面进行支持，更应该加强市场化建设，积极鼓励、引导与创新型服务业发展密切相关的中介服务组织发展，推动技术创新外部协作网络的形成，构建创新型服务业成长阶段市场与政府并重的发展模式。

四、相关政策措施不够完善

除了国家的相关法律、法规和宏观政策外，陕西有关服务行业的地方性法律法规和规章较少，现有的为数不多的地方法规和规章也未能充分利用国家法律和法规的授权，政策间严重脱节，使得服务业企业经常处于遇到具体情况无章可循的尴尬境地。在支撑体系的建设方面，超过60%的受访人员认为西安高新区企业的诚信体系建设不够健全，增加了企业合作的风险，影响了企业的相互交流。而超过50%的受访人员认为风险投资机制不健全，这使得庞大的创新成果无法迅速转化为企业的效益。

政策措施的不完善还体现在对企业知识产权的保护方面。由于创新型服务业生产的产品具有高度的知识密集性的特点，所以在取得高附加值的同时往往伴随着知识产权问题的出现。由于缺乏对企业自主知识产权的保护，企业投入大量资本研制出的产品被竞争对手轻易模仿抄袭，这严重打击了企业自主创新的积极性，影响整个产业的健康发展。

第四节　西安高新区创新型服务业发展面临的机遇与挑战

一、西安高新区创新型服务业面临的机遇

（一）建设世界一流园区为西安高新区创新型服务业发展提供了支撑

建设世界一流科技园区是国家实施自主创新战略的重大部署，西安高新区作为国家重点支持建设的六个世界一流科技园区之一，充分体现了国家对西安高新区科技创新成就及发展潜力的肯定。建设世界一流科技园区，就应努力走向产业高端，成为新兴产业和新业态的发源地，聚集大量高端要素和专业要素，创造处于新时代前沿的模式、制度和文化。依托西安高新区领先的科技实力，大力发展创新型服务业则符合这一发展趋势。西安高新区要发展创新型服务业，就必须依托高技术产业与现代服务业交叉融合的新趋势，发挥自身高新技术产业发展优势，带动创新型服务业的发展，从而达到相互促进的协同效果。

（二）西安建设国际化大都市是西安高新区创新型服务业发展的绝佳契机

《关中—天水发展规划》中明确提出，要将西安建设成为国际化的大都市。这既是执行国家产业调整计划，承接产业梯度转移的客观需要，也是西安充分发挥西部大开发桥头堡作用的必然选择。作为西安快速发展的重要引擎之一，西安高新区应把握机遇，发展创新型服务业，努力向产业链的高端与核心发展，掌握关键技术，推进区域整体能力的发展，使西安成为西部经济发展中的“排头兵”和“增长极”。

二、西安高新区创新型服务业面临的挑战

（一）金融危机对创新型服务业发展影响巨大

在金融危机的影响下，西安高新区产业发展速度明显回落，出口企业及其配套企业市场需求萎缩。2008 年，西安高新区电子信息产业全年增长 8.33%，同比下降了 15 个百分点；先进制造业实现增长 28.33%，同比下降了 36 个百分点（西安高新技术产业开发区管理委员会，2009a）。一些重点企业经营状况不断下降，出现营业收入环比下滑、订单减少、库存增加或出口货值减少的现象。此外，一些企业还进行了裁员减薪。这对研发设计等创新型服务业的发展产生了极大的影响。在金融危机大背景下，银行纷纷收紧银根，这为企业融资活动带来更大的困难。在调研中，超过 70%的受访者认为企业的融资渠道不甚畅通，融资效率低下，融资难度高。此外，担保体系不健全和企业自身缺乏资源支持也是企业融资难的两个重要原因，尤其是在科技风险投资方面，超过 55%的受访者认为应参照硅谷的科技创新模式，健全科技风险投资的体系，为企业的发展注入活力。

（二）全球化浪潮对创新型服务业的发展产生冲击

随着经济全球化浪潮的兴起，创新型服务业正逐渐从以美国为代表的发达国家向具有智力、人才优势的新兴国家转移，这一转移将为创新型服务业企业本土化的发展带来强烈冲击。调研过程中还发现，西安高新区在市场化建设中还存在着缺乏规范的行业管理、无法获得有效的市场信息、缺乏规范的制度约束、市场竞争缺乏公平性等诸多问题。与世界一流园区相比，西安高新区创新型服务业的市场化建设还处在相对较低的水平，如何发挥西安高新区的优势，保证创新型服务业的持续稳定发展，是摆在管理者面前的一道难题。

（三）知识产权保护亟待加强

创新活动作为创新型服务业的核心内容，其成果将最终体现在创新产权的收益上。知识产权作为创新产权的最终表现形式，已成为创新型服务业企业的核心资产。2008年以来，高技术含量的知识产权越来越多，因此对知识产权的保护力度与强度将成为创新型服务业能否健康良性发展的关键性因素。与发达国家相比，我国在知识产权保护的制度建设和服务体系建设等方面还存在较大差距，这将成为制约创新型服务业发展的重要瓶颈。

（四）招商引资要有新突破

2008年以来，随着国际金融危机进一步蔓延，西安高新区的招商引资形势非常严峻，主要表现在：外资项目进资速度减缓，项目源减少，项目进度推迟甚至投资计划取消。在调研过程中发现，目前西安高新区招商工作还存在着招商重点不清、招商服务体系不完善、招商项目缺乏包装策划等问题。因此，在招商引资工作中，如何合理分配资源，从抓集群招商、税源招商、总部经济招商、专业化招商、以商引商、良好的环境招商六个方面取得突破，做好西安高新区的招商引资工作，是亟待解决的问题。

第五节　西安高新区创新型服务业的关键性影响因素分析

通过对调研结果进行分析，得出了西安高新区创新型服务业发展的关键性影响因素及其影响程度（图2-5）。可以看出，人力资源、融资情况、知识资源与招商引资对创新型服务业发展的影响相对较大，而设施保障、政策因素与政府因素的影响相对较小。

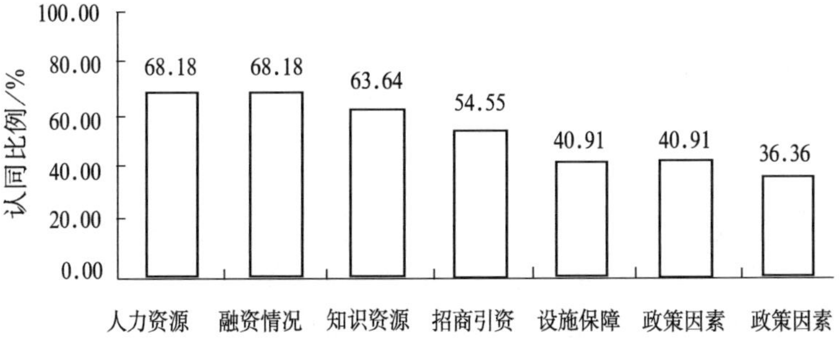

图2-5　创新型服务业战略性影响因素的重要性排布

注：认同比例表示认为该项是创新型服务业重要影响因素的人数占样本总数的比例

一、人力资源结构制约产业发展水平

具有“三高”，即高技术、高人力资本、高附加值等特点的创新型服务业，人才的建设与发展对其发展起着非常关键的作用，而许多从事创新型服务业的公司对创新型服务业人才队伍建设缺乏整体规划，尤其缺乏中长期发展规划，企业人才整体素质偏低，特别是在管理型、创新型、领军型、高技能型等方面的人才严重不足，软件开发、信息服务、金融服务、中介咨询等技术、知识密集的创新型服务业专业人才十分缺乏，与此同时，紧缺的创新型服务业专业与技术型人才还出现了流失现象。西安高新区应从人才整体中要素的数量、人才整体中要素的配置、各要素在人才整体中的地位和作用三个方面入手，努力改善人力资源状况。

二、融资情况影响产业发展速度

资金作为产业发展的血液，融资手段的丰富、融资渠道的拓宽、融资环境的优化、融资管理的规范将成为企业获得雄厚资金的必要条件。西安高新区从事创新型服务业的企业多数为中小企业，在当前世界金融危机的严重冲击下，中小企业融资面临前所未有的压力。在调研中，超过60%的受访者认为目前针对创新型服务业企业的融资渠道不畅，担保体系建设落后，管理规范程度不足，并且随着中小企业经营规模的不断发展扩大，特别是外向度的提高，银行传统的金融服务已不适应中小企业的发展需要，企业既迫切需要金融机构为其提供贷款服务，又需要金融机构的创新服务。由此，西安高新区一方面应考虑拓宽融资渠道，从单纯地依靠政府补贴、银行贷款向全面融资过渡，完善风险投资市场建设，大力鼓励并培育企业在海内外上市融资；另一方面应该大力推动金融创新，构建以国有商业银行为主、中小金融机构为辅的中小企业金融服务体系。

三、知识创新是企业发展的核心力量

知识资源主要表现为地方研发指数、研发人员数量、技术市场活跃程度与专利的申请和审批情况等诸多方面。传统服务业与创新型服务业的最大区别就在于以知识资源为基础的知识创造活动，产品背后的知识产权已成为其价值的主要表现，企业的知识创造能力、企业发展的基础与潜力将受到知识资源丰富程度的直接影响。通过调研访谈发现，西安高新区应制定合理的知识创新战略，一方面合理利用现有资源，进一步推动企业成为自主创新的重要主体，加快建立以企业为主体、市场为导向、产学研相结合的技术创新体系；另一方面积极拓宽创新型服务业知识产权应用的领域和渠道，加强重点领域和关键环节的知识产权法律风险防范，抢占知识产权的制高点，从而保障技术创新活动的健康发展。

四、政府公共管理与服务水平要上新台阶

世界各国的发展经验表明，有效政策的制定和政府合理的干预，在区域经济发展的初级阶段具有至关重要的作用。西安高新区现在还处在逐渐发展壮大的阶段，政府的支持和干预在一定程度上是不可或缺的，在促进招商引资发展与完善基础设施建设方面的影响尤其突出。首先，西安高新区对外界的吸引力取决于其环境，如生活物质环境、投资环境、智力环境等的素质，这往往需要政府的参与才能营造，尤其是西安高新区创新型服务业的发展还处在初级阶段，没有政府机构强有力的支持，企业在许多领域是很难做出高风险的投资举措的。其次，政府营造的整体政策软环境更是在西安高新区经济运行中起到至关重要的作用。政府通过制定税收、金融、土地、规划、人才等方面的优惠政策，可以更好地吸引国内外的资金、技术人才，推动西安高新区的发展。最后，在驱动西安高新区的科研机构的良性发展方面，没有政府机构的支持是行不通的，同时政府也是加强企业界与科研教育机构合作的强有力力量。因此，政府的扶持对西安高新区创新型服务业的发展有着至关重要的影响。

任何一个产业的发展都是循序渐进的过程。西安高新区虽具备了创新型服务业发展的基础与条件，但对其发展应有充分的认识。政策制定者应从整个园区的全局出发，通盘考虑，切忌盲目追求短期效应而造成不良后果，全方位保障创新型服务业的健康发展。

第三章 西安高新区创新型服务业发展战略

第一节 战略定位及发展思路

西安高新区以应对国际金融危机对我国经济的影响为切入点，以改革开放为动力，进一步推进西安高新区经济的科学发展，结合《关中—天水经济区发展规划》，明晰西安高新区经济发展的指导思想和原则，明确发展目标，创新发展模式，提升发展质量，把西安高新区建设成为世界一流科技园区和西部地区创新型服务业的辐射中心。西安高新区应加快创新型服务业重点行业的发展，打造创新型服务业基地，推动西安高新区经济快速发展，将西安高新区建设成为西部经济发展战略高地。

一、战略定位

西安高新区致力于建设成西部地区创新型服务业发展的示范基地，聚集大量高端要素和专业要素，培育具有国际竞争力的跨国公司，使其走向产业高端并引领世界产业发展，创造处于新时代前沿的模式、制度和文化，使西安高新区成为新产业和新业态的发源地。

西安高新区以全面提升产业竞争力和国际竞争力为主线，统筹协调创新型服务业发展过程中出现的各种重大关系，以观念、技术和管理促进创新型服务业能力全面提升，确立西安高新区在西部经济发展建设进程中的龙头地位，发挥对西部地区的引领和辐射带动作用，使西安高新区成为经济区产业优化升级、辐射扩散、梯度转移的创新型服务业发展平台。

未来 15 年，西安高新区将围绕“打造中国科技创新中心，建设世界一流科技园区”这一目标，以发展高新技术产业为根本，以大力发展创新型服务业为重点，实施国际化、市场化、特色化、集群化发展战略，将西安高新区建成西部地区最大的创新型服务业示范基地。全力打造中国科技创新中心、西部高新技术产业中心、西部现代商务金融中心，使西安高新区真正成为世界一流科技园区。

二、发展思路

针对西安高新区的总体战略定位，在内外分析和比较的基础上，西安高新区将创新型服务业的发展思路确定为“统筹规划、政策助推、特色发展、高端引领、服务创新”。

（一）统筹规划

发展创新型服务业要立足西安高新区建设世界一流科技园区的总体战略目标，依托《关中—天水发展规划》，结合西安在社会、文化、教育、产业格局等方面的特色，对创新型服务业主导产业做出科学规划与合理选择。西安高新区已成为陕西高新技术产业发展的先行区、新体制的试验区及现代化城市建设的示范区，其主要经济指标和技术创新能力一直保持国内领先水平。西安高新区要抓住历史机遇，深入贯彻落实科学发展观，进一步解放思想，深化改革，扩大开放，进一步细化已有的产业规划布局，在西部地区实现率先发展，将西安打造成国际现代化大都市，使综合经济实力实现新的跨越，创新能力有新的提升，基础设施建设有新的突破，城镇化水平有新的提高，公共服务达到新的水平，生态环境建设取得新的进展。

（二）政策助推

西安高新区要逐步完善软硬件设施的建设，充分发挥政府在创新型服务业发展过程中的推动作用。创新型服务业在发展初期需要以政府为主导，迅速解决基础设施、法律法规、市场环境及人力资源等方面存在的不足。由政府牵头，与企业、行业协会组织一起，根据经济形式和区位优势、政策优惠，先行投资进行空间建设，营造有助于创新型服务业发展的良好环境。在全球经济形势急剧变化的背景下，西安高新区要积极调整经济发展方向，承接产业转移机遇，以便海内外投资等各类要素在西安高新区集聚和重组。同时，西安高新区要围绕已有的优势行业制定更加优惠的政策，促进快速增长，进一步发挥高端企业所具有的辐射引领作用，吸引企业集聚从而形成创新型服务业良性发展平台。

（三）特色发展

西安高新区要立足西部、结合自身优势，寻求创新型服务业发展的特色之路。寻求特色发展，首先可以结合西安独具特色的历史文化、人文特点。西安具有深厚的历史文化积淀，且科教、人才资源富集，高技术产业发展快速，重要领域科技创新能力位居全国前列。西安高新区在服务业的某些领域具有成为国际领先水平的巨大潜力，可以在这些领域结合西安历史文化，谋求独具西安特色的服务业发展。其次，考虑西安处于关中—天水经济区中心的特殊地理位置，关中—天水经济区有其自身特色的资源优势，作为经济区的核心位置，西安高新区发展创新型服务业要以关中—天水经济区建设为依托，充分利用经济区地理、科技等资源上的优势。要从上述两方面大力推进西安高新区创新型服务业特色发展之路，加快推进西安高新区世界一流科技园区的建设，使其成为西部经济发展的战略高地及区域协调发展的重要增长极。

（四）高端引领

西安高新区要充分利用现代服务、电子信息、装备制造和生物医药等主导产业的优势，大力发展生产性服务业，促进制造业与服务业全面协调发展，催生出一批实力雄厚的龙头企业，形成高端产业集群。大批国内外高端企业在西安高新区聚集，产生巨大的辐射带动效应，提升自主创新能力，带动产业结构升级，推进创新型城市建设；发挥西安高新区创新资源优势，辐射带动西部产业的创新发展；承接国际产业转移，参与全球发展竞争；推动陕西经济结构调整。西安要发挥在全省和大关中、大西北及亚欧大陆桥经济带中的辐射带动作用，加快西安高新区创新型服务业发展进程，尤其要发挥高端企业的引领带动作用，保持高速增长势头，推动西安整体经济发展，增强中心城市的凝聚力和辐射力，使西安真正担负起大关中核心、大西北龙头和亚欧大陆桥经济带心脏的战略重任。

（五）服务创新

西安高新区要以大力发展创新型服务业为契机，着力推进自主创新，优化经济结构。率先构建创新型区域，转变发展方式，提高西部地区综合竞争力；建立统筹科技资源改革示范基地；将西安高新区建设成为西部经济发展的战略高地。随着国际国内经济形势的变化，关中—天水经济区发展面临新的历史机遇与挑战。西安担负着建设西部强省的战略重任，必须在全省率先发展，力争走一条服务创新发展之路。发展创新型服务业，使西安高新区成为关中—天水经济区经济发展的引擎和西部大开发战略的示范基地，引领陕西产业结构升级，促进区域协调发展。

第二节 战略目标

创新型服务业是高新技术产业生态链条中的重要一环，是具有极强生命力的朝阳产业。围绕建设世界一流科技园区的目标，西安高新区要大力发展创新型服务业，在2010～2020年打造成西部经济发展示范区，形成以研发及技术转移、软件及服务外包、信息服务业、金融业、文化创意、中介咨询及现代商业等为集群产业，以创业研发园、国际软件园、创意产业聚集区和正在积极申报的国家数字出版基地等为依托，营业收入过3500亿元的创新型服务业产业基地。

通过对西安高新区经济发展状况的分析，参考对西安高新区发展进行长期研究的部分专家和学者的意见，本书将2009～2020年11年西安高新区创新型服务业的发展分为三个阶段：2009～2010年、2011～2015年、2016～2020年。在这三个发展阶段中，力争主要经济指标年均增长速度分别大于35%、25%及25%；到2020年，使西安创新型服务业的产值达到3500亿元。

2009～2020年西安高新区发展阶段划分及各阶段主要发展目标如表3-1所示。

表3-1 西安高新区创新型服务业主要经济年均增长目标

阶　段	营业收入/亿元	年均增长速度/%	主导产业数量/个	全球500强企业/家
2009～2010年	400	>35	3	60
2011～2015年	1100	>25	5	80
2016～2020年	3500	>25	6	100

一、第一阶段发展目标（2009～2010年）

2009～2010年，创新型服务业营业收入达到400亿元，年均增长速度大于35%，发展2～3个主导产业，整个园区完成40平方公里的开发任务，形成2～3家营业收入超过100亿元的企业，累计吸引全球500强企业在西安高新区设立办事处、分支机构或研发中心超过60家。此阶段，西安高新区要根据创新型服务业发展的战略重点，在部分产业规划及引导上做出调整和整体布局，重点发展研发及技术转移、软件服务外包、信息服务和金融服务，使这些产业迅速壮大，龙头企业不断涌现，特色优势产业集群初步显现，进入产业加速发展的新阶段。

二、第二阶段发展目标（2011～2015年）

2011～2015年，西安高新区应进一步优化重点产业和布局调整，使创新型服务业营业收入达1100亿元，年平均增长速度达到25%，发展4～5个主导产业，累计完成75平方公里的开发任务，培育年营业收入超过100亿元的知名企业7～8家，累计吸引全球500强企业在区内设立办事处、分支机构或研发中心超过80家，企业快速成长的强大活力和产业聚集效应显现，西安高新区接近世界一流科技园区的基本实力，成为全球有一定影响力的科技园区。

三、第三阶段发展目标（2016～2020年）

2016～2020年，西安高新区创新型服务业营业收入超过3 500亿元，年均增长速度大于25%，发展5～6个主导产业，累计完成102平方公里的开发任务，培育年营业收入超过1000亿元的世界知名企业1～2家，培育年营业收入超过100亿元的国内知名企业15家，累计吸引全球500强企业在园区内设立办事处、分支机构或研发中心超过100家，初步建成世界一流的高科技园区，使其成为世界名企聚集、创新能力活跃、产业集群发达、高端人才荟萃、辐射带动区域经济繁荣的特色产业基地。西安高新区要以创业研发园、国际软件园、创意产业聚集区和正在积极申报的国家数字出版基地为依托，打造世界一流科技园区的国际品牌。

第三节　战略重点

西安高新区应抓住当前机遇，把握战略重点，大力发展创新型服务业，对创新型服务业发展做出合理的统筹规划，形成良好的发展基础，打造成为创新型服务业基地和西部地区服务业的示范辐射中心，积极营造一流创新型服务业基地配套环境，无论是在硬件设施还是在投资环境、社会生活、文化建设、人居服务水平等方面迈上一个新台阶，实现西安高新区经济发展新的飞跃。

一、优化产业发展布局

（一）行业选择

西安作为西北中心城市，在社会、历史、文化、教育、科技等各方面具有明显的特色。根据目前的产业结构发展情况，西安高新区要有针对性地优先发展一批服务行业，如研发及技术转移、信息服务、软件及服务外包、金融服务、文化创意、中介咨询、现代商业、现代物流等服务业。

1. 研发及技术转移

研发及技术转移具有知识密集、附加值高聚集性和辐射性良好等特点。《中国总部经济发展报告》显示，在全国35个主要城市中，西安的研发能力、人才资源和研发投入分别排在第四、第六和第三位。作为中国西部一个主要的中心城市，西安在科技、研发及科技园等方面的优良条件和优势，为研发及技术转移产业的发展创造了后天条件。西安高新区具有西安最好的发展硬环境和软环境，是西安发展研发及技术转移最适合和最具备现实条件的区域。西安高新区要抓紧制订研发及技术转移服务业发展规划，明确发展方向、重点、举措和政策，注重培养和引进一批著名企业的研发设计中心，集聚研发设计资源，扩大发展平台，将研发及技术转移服务业建设成为国内一流的研发基地和科技创新中心。

2. 信息技术

信息技术是当今世界经济社会发展的重要驱动力，电子信息产业是国民经济的战略性、基础性和先导性支柱产业，对促进社会就业、拉动经济增长、调整产业结构、转变发展方式和维护国家安全具有十分重要的作用。信息服务是创新型服务业及国际经贸中的重要组成部分，具有信息技术承载度高、附加值大、资源消耗低、环境污染少、吸纳就业（特别是大学生就业）能力强、国际化水平高等诸多优点。为应对国际金融危机的影响，落实党中央、国务院保增长、扩内需、调结构的总体要求，确保电子信息产业稳定发展，加快结构调整，推动产业升级，西安高新区应积极承接国际服务产业转移。西安高新区发展信息服务业要以市场为导向，立足于西安信息服务业现状，创建现代化国际化城市，着眼于未来全面建设数字西安与网络西安，以3G网络发展为契机，以信息资源开发利用为中心，以信息资源与技术应用为主导，以加快工业化和推动现代化为目标，以创新为动力，扩大开放，鼓励竞争，快速发展信息服务业。

3. 软件及服务外包

软件及服务外包是陕西省政府支持西安高新区创建世界一流科技试点园区和西安高新区优先发展的主导产业之一。西安软件园是西安高新区规模化发展软件与服务外包产业的专业园区，聚集了西安绝大多数软件及服务外包企业。西安软件园是国家火炬计划软件产业基地、国家软件产业基地、国家软件出口基地和国家服务外包基地城市示范区，是国内四个拥有国家软件“双基地”的园区之一。西安高新区要将科技二路打造为软件服务外包大道，使之成为国际知名的软件加工、出口基地，软件企业聚集地和软件人才培育基地，软件和商业流程等服务外包基地，重点提供以设计、开发、运营和维护为主的信息技术外包服务，拓展金融、电信、物流、医疗、法律、教育等领域所从事的供应链管理、财务管理、后勤管理、人力资源管理、数据处理、客户服务等业务流程外包服务。通过加快服务外包产业发展，调整优化服务行业结构，提高利用外资质量，西安高新区将软件服务外包业建设成为国内继北京和深圳之后的第三增长极，实现西安提出的打造“中国服务外包之都”的战略构想。

4. 金融服务

西安高新区要围绕建设区域性金融中心的总体目标，确立金融先导的发展战略，不断深化金融改革和创新，扩大金融业总量，提升金融发展层次，增强服务功能；要突出金融在园区经济发展和城市功能中的核心作用，形成更为完善的金融组织体系，增强集聚力和辐射力；要营造良好的金融生态环境，实现金融市场有序运行和依法监督，逐步使金融服务业成为西安高新区创新型服务业中的支柱产业和先导产业。

5. 文化创意

文化创意要作为西安高新区的战略性产业来发展，充分挖掘西安深厚的历史文化积淀。西安高新区将发展以数字内容行业、现代传媒行业、研发设计行业、建筑设计行业、艺术设计行业等为主的文化创意产业，努力打造以唐延路生态化创意产业带为主体、以各个创意企业和创意产业集聚区为支撑的现代化产业架构体系，扩大西安创意产业在国内外的影响，带动周边地区乃至西部创意产业的发展。西安高新区要精心编制规划，聚集重点区域；举办具有行业重要影响力的标杆活动，聚集全球资源；研究制定扶持政策，实现产业集群化发展；研究设立创意产业发展扶持基金；利用市场机制，建设文化娱乐活动中心、数字娱乐体验中心、游戏动漫研发中心等重点项目，带动产业发展；建设宣传推广平台、信息互动平台、国际交流平台等专业化服务网络，搭建创意产业发展的良好平台，将唐延路沿线打造为在国内外有重要影响的创意产业带。

6. 中介咨询、现代商业、现代物流等

中介咨询、现代商业、现代物流等行业是服务业中的重要组成部分，西安高新区要充分发展这些行业在现代经济体系中的支撑作用，满足市场的需求，促进创新型服务业的高速增长，推动西安整体经济的增长，从而引领陕西产业结构升级。

（二）空间地理分布

在产业空间布局上，西安高新区突出打造营业收入过3500亿元的创新型服务业基地，成为西部地区服务业的辐射中心。

西安高新区是西安高新技术产业的聚集区，拥有大量科技企业，区内已形成前述多个以科技为依托的产业集群，已经吸引了大批周边地区和国际大企业集团的入驻，或者将其具有总部功能的研发、商务、客户服务与支持等环节迁入，其总部经济的发展已经粗具规模。西安高新区总部经济的发展不仅带动了相关制造业的发展，而且对服务业，特别是创新型服务业的发展更具有重要作用。

西安高新区要成为西部地区服务业的示范辐射中心，需遵循“专业化聚集、集群化推进、园区化承载”的思路，按照建设“两带四区七园（基地)”的规划建设创新型服务业产业带，即以高新路—科技路—唐延路（沣惠路）—锦业路(中央商务区）为轴线，总长约10公里，贯穿现代商业聚集区、总部经济聚集区、创意产业聚集区、金融商务聚集区等四区，建设中国最具科技化和国际化服务功能的创新型服务中心。

二、打造创新型服务业基地

西安高新区打造成为聚集国内外高端资源的创新型服务业基地的过程中，在大力开发硬件配套设施的同时，要加快吸引知名研发机构入区，鼓励信息行业、软件及服务外包等行业的发展，促进投融资服务体系建设、高端人才引进等一系列创新型服务业发展的政策的制定与实施。通过这些政策的推动，创新型服务业将呈现出蓬勃发展的良好局面，到2020年，西安高新区将逐步发展成为营业收入过3500亿元的创新型服务业基地。

三、营造建设一流创新型服务业基地配套环境

西安高新区应高度重视政府在规划布局中的宏观调控作用，强化园区在硬件设施及投资软环境方面的建设力度，将西安高新区建设成为全国一流的创新型服务业基地。

首先，硬件商务设施方面，西安高新区应加强对研发设计、软件及服务外包、金融服务等重点行业的发展规划；留足服务业发展空间；加快交通、通信等方面的基础设施建设，为创新型服务业的快速发展奠定良好基础；坚持规划先行、资源整合的原则，推进创新型服务业项目建设，注重与城市总体规划、土地

利用总体规划相衔接，合理布局协调发展。

其次，西安高新区要贯彻落实好国家、陕西、西安、高新区有关促进创新型服务业发展的各项政策措施，进一步研究制定西安高新区创新型服务业发展的政策措施，加快推进创新型服务业改革，鼓励发展新兴行业，增强发展活力，在政策法规制定、招商引资、人才吸引等方面有针对性地制定出合理有效的措施。

西安高新区力争在基础设施、生态环境、公共服务、政策措施等一系列配套软硬件环境方面，给予创新型服务业发展最大的支持，营造建设一流创新型服务业基地配套环境。

第四章　西安高新区创新型服务业主导产业分析

随着经济发展和社会需求的增长，西安高新区创新型服务业将有更大的发展空间。西安高新区应统筹安排、突出重点，以提高产业竞争力、优化产业结构、壮大经济实力为目的，对创新型服务业主导产业进行选择。从理论上讲，主导产业选择、评估的综合评判体系包括原则和约束因素。其中，原则是在经济发展宏观态势上的取舍，约束因素是制约区域发展的现实因素。

第一节　主导产业选择的原则

作为构造产业的倾斜式发展战略，“原则”是根据区域产业的总体情况而抉择发展先后的规范。但是原则对产业结构的规范一定是动态的，必须随着产业结构的演进而超前变化，但在一定阶段又具有相对稳定性。

一、扩散效应最大原则

这一原则主要强调主导产业对区域经济与社会发展的影响程度。主导产业的选择应考虑对扩散效应最大的产业群加以重点扶持与发展，从而实现其对其他产业发展和区域实力提升的带动作用。主导产业的扩散效应主要表现为旁侧效应、回顾效应和前向效用。

二、收入弹性和生产率上升原则

这一原则主要考量市场需求对主导产业发展的作用关系。研究表明，产业的发展还受到产业的收入弹性与生产率的上升这两大因素的影响。在市场经济下，社会需求及需求结构的变化已成为产业发展的原动力。收入弹性高的产业随着产品的增加不仅使收入增加，也创造了社会需求；生产率上升快的产业创新速度较快，会吸引大量资源向该产业转移，进而逐渐增加其在产业结构中所占的比重。

三、产业关联度原则

这一原则主要考量产业间的协同作用。在主导产业选择中必须将产业间的协同效应作为选择标准，选择在产业链中对其上下游产业投入产出关联系数最高的产业，将其扶持为支柱产业，这将有助于整个产业链条的良性发展。

四、动态比较优势原则

这一原则强调区域经济发展的比较优势原理，在经济全球化背景下，还应扶持区域发展中相对幼小的新兴产业，克服其短期比较成本高的困难，加大扶持与保护力度，就可得比较优势。因此，在区域发展中，应关注具有潜在优势的新兴幼小产业，将其作为重点培育对象，使其逐渐成为带动结构升级与区域发展的支柱产业。

在实际操作过程中，除了要吸收上述原则的合理内涵外，产业结构政策还应结合区域产业发展的特殊社会经济背景，在考虑拓宽瓶颈产业供给原则、产业发展阶段和层次交叉原则、扩大就业原则、保护环境原则及改善生产力布局原则等的统筹协调中进行慎重的再选择。

第二节　主导产业选择的约束因素分析

将一个区域内的某一产业确立为主导产业，除必须符合上述主导产业选择原则外，对西安高新区这样在经济水平发展相对滞后的地区设定主导产业，还需考虑一些区域因素的制约条件。

一、产业自身问题

西安高新区地处西部地区，技术水平和管理水平相对落后，从而导致产业总体素质低，有的产业不但无法维持经济的高速发展和适应产业结构的加速变动，而且还延缓了固定资产折旧过程，使机器、设备和厂房等资产在低技术基础上不断超龄使用，即使有固定资产折旧，也大多是不全面、不彻底的。如果把这些产业作为主导产业，将难以起到带动作用。因而，在确定主导产业时，要优先考虑科技含量高、设备先进的产业，并大力鼓励外商在这些产业投资，以便引进先进的管理经验，同时排除设备陈旧、科技含量低的产业。

二、市场需求状况

前述主导产业选择的一个原则是该产业产品具有较高的收入弹性，这就要求主导产业的产品要面向市场，适应市场的需求。考虑到现在市场过剩的问题，西安高新区主导产业的选择，一是要根据其在区内、省内和国内的生产力布局、市场的占有率来决定；二是要注意选择一些在西安高新区不占有资源禀赋而又有一定市场基础的产业作为自己的主导产业，不应将产品缺乏收入弹性的产业作为主导产业。

三、统筹规划问题

如何在规模上进行整体布局和规划的调整，使西安高新区显现集约效益，也是今后西安高新区面临的主要问题。目前西安高新区的发展已经由政策主导阶段向市场化推进阶段转变，西安高新区与周围的宝鸡、杨凌等高新区距离较近，因而要考虑这三个高新区的统筹发展问题。此外，要密切关注周边其他在招商引资方面具有竞争性的高新区，诸如成都高新区和武汉高新区等，结合先进发展经验，突出自身优势。

四、资源禀赋条件

西安地区高校林立，科研机构众多，因而西安高新区可为当地高校、科研院所提供科技成果的市场转化平台，这是西安高新区拥有的资源禀赋，也是西安高新区发展速度较快的一个原因。截至 2008 年西安高新区已与西安交通大学、西安电子科技大学、西北工业大学等建立了产学研一体化的大学科技园。促进科技转化为现实的生产力是促进西安高新区发展的一个关键因素。

第三节　主导产业的选择

基于上述原则及约束因素，本书以《中共西安市委、西安市人民政府关于把西安高新区建设成为世界一流科技园区的若干意见》等文件为导向，在参阅了众多相关创新型服务业发展文献资料的情况下，从创新型服务业先进城市的实地调研中借鉴经验，并采纳课题中期研讨会上各专家的宝贵意见，通过对西安高新区管理委员会发展策划局、经济贸易发展局、招商局、统计局、亚太投资促进局、金融办公室、党工委办公室等政府部门及主导产业的龙头企业进行问卷调查，最终根据西安高新区创新型服务业发展的实际情况，遴选出研发及技术转移、信息服务、软件及服务外包、金融业等四个产业，作为西安高新区创新型服务业重点发展产业，以主导产业发展带动西安高新区创新型服务业产业结构升级，实现园区综合竞争力的大幅提升。

西安高新区现有创新型服务业产业有研发及技术转移、信息服务、软件及服务外包、金融业、现代物流、中介咨询、文化创意产业、现代商业、教育培训等。本书通过对有关专家、西安高新区主管部门及骨干企业中层以上领导的实地调研，统计出在现有产业中选择主导产业的结果，其中研发及技术转移、信息服务、软件及服务外包、金融业等四个产业占有较大比重（图 4-1）。

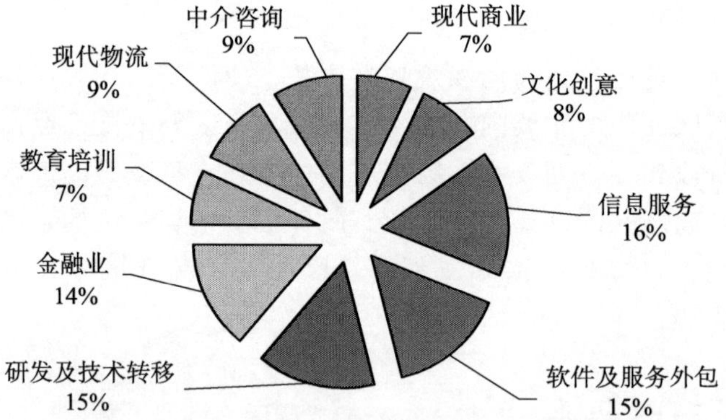

图 4-1　创新型服务业主导产业选择调研结构图

一、研发及技术转移

研发及技术转移主要包括研究与试验发展、专业技术服务、企业孵化器、技术交易等。

西安高新区现有高新技术企业1311家，在全国高新区中创办中小科技企业数量中排第二位，其中，国家技术创新基金支持项目总数连续五年在全国高新区中位居榜首。

在西安的产业发展格局中，研发及技术转移是高新技术产业的核心和重要组成部分，其中，公路、勘查、建筑等设计院占据着重要地位。2000 年以来，西安高新区努力营造研发及技术转移产业发展的优良环境，为西安软件园聚集了 Fujitsu（富士通集团）、NEC（日本电器股份有限公司）、Oracle（甲骨文股份有限公司）等 8 家世界 500 强企业，炎兴科技软件有限公司、奥博杰天软件有限公司、HOV（商务流程集成系统服务公司）等 3 家 IAOP（国际外包专业协会）全球服务外包百强企业，华为技术有限公司、中兴通讯股份有限公司、神州数码控股有限公司等 9 家中国软件百强企业，以促进其在总量规模、技术创新、国际化等方面不断取得新的突破。

西安高新区在未来发展研发及技术转移中应坚持抓好“三个一批”，即发展一批利用高新技术改造传统研发产业，加快建设研发及技术转移的示范企业，提升一批优势企业的技术开发能力，开发一批拥有自主知识产权、有发展前景的高新技术产品。西安高新区应进一步加强先进研发技术的推广应用、普及和提高，加快技术进步和产业升级，提高企业的产品设计制造水平和管理水平，提高产品的质量、技术含量和市场占有率。

西安高新区相关研发及技术转移领域的企业个数，由 2006 年的 65 家增长到 2008 年的 93 家，具有良好的发展势头。

通过走访有关专家、西安高新区主管部门及骨干企业中层以上领导，本书归纳出研发及技术转移作为主导产业的认同程度（图 4-2）。

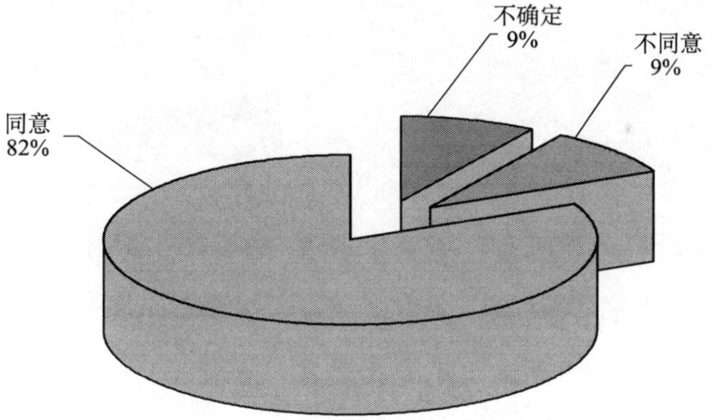

图 4-2　研发及技术转移作为主导产业的认同情况结构图

二、信息服务

信息服务主要包括移动通信、互联网信息服务、计算机服务等。

自 20 世纪 80 年代初以来，在世界信息化浪潮的冲击下，信息已逐渐渗透于经济社会的各个方面，同时信息服务的作用也逐渐被人们广泛认识并日益受到重视。西安高新区的信息服务业是有待发展的，是创新型服务业延伸而催生的新业态。3G产品的正常启用，提供基于内容、应用、支持与维护、知识、网络服务等软件服务的销售比重逐步扩大。西安高新区要抓住这个契机，大力发展信息服务业。

信息服务业实际上缴税费从2006年的37 759万元、2007年的38 135.7万元增加到2008年50 743.8万元，呈现出明显的上升趋势，可见信息服务业在税收方面做出了巨大的贡献，并有明显潜力。信息服务业相关企业也从2006年的159家增长到2008年的235家，增长非常迅速（西安高新技术产业开发区管理委员会，2009b）。

西安高新区重点发展通信设备、计算机及零部件、软件、集成电路及新型电子元器件、汽车电子及其他专用电子设备、家用视听设备等六大类产品和技术。西安高新区通过突破数字电视关键技术的研发，形成数字电视系统设备研发、生产和应用的产业链；重点扶持下一代移动通信和下一代互联网的相关技术和产业，使西安高新区成为重要的信息服务集聚中心。

通过实地调研，有关专家、西安高新区主管部门及骨干企业中层以上领导中85%认为信息服务业有着发展为主导产业的潜力（图4-3）。

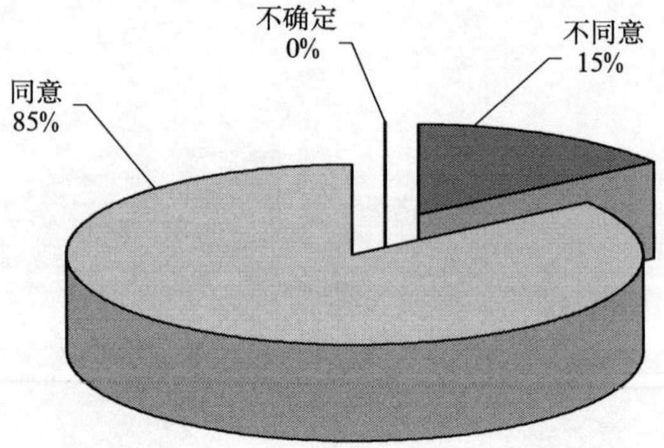

图4-3 信息服务业作为主导产业的认同情况结构图

三、软件及服务外包

软件及服务外包主要包括基础软件服务、应用软件服务、其他软件服务等。

软件及服务外包是陕西省政府支持西安高新区创建世界一流科技试点园区和西安高新区优先发展的主导产业之一。西安软件园是西安高新区规模化发展软件及服务外包产业的专业园区，聚集了西安绝大多数软件及服务外包企业。

2008年1～9月，新增软件及服务外包企业160家，全区现已聚集软件及服务外包企业780家，其中外资企业150家；新增从业人员2.25万人，从业人员规模达到6.45万人；实现营业收入170亿元，同比增长44.95%；出口7930万美元，同比增长52%；软件认定企业481家，软件产品1365件；CMMI能力成熟度模型认证企业12家；千人规模企业4家，过百人企业100余家。软件及服务外包产业是朝阳产业，该产业由于不受区位的限制，因此是西安有条件做大做强的产业（西安高新技术产业开发区管理委员会，2009b）。

西安高新区要努力以市场为导向，以国民经济需要和信息安全为出发点，重点发展特色、有自主知识产权、在全国有一定市场份额的具有发展前景的软件产品。到2010年，使西安高新区成为我国西部地区重要的软件产业基地和软件人才培养基地，以区内骨干软件企业为龙头，重点发展通信软件、嵌入式软件、数字多媒体和交通信息化、教育软件、电子政务软件以及软件外包，促进产业结构不断升级。

通过实地调研，有关专家、西安高新区主管部门及骨干企业中层以上领导中79%认为应把软件及服务外包产业作为主导产业（图4-4）。

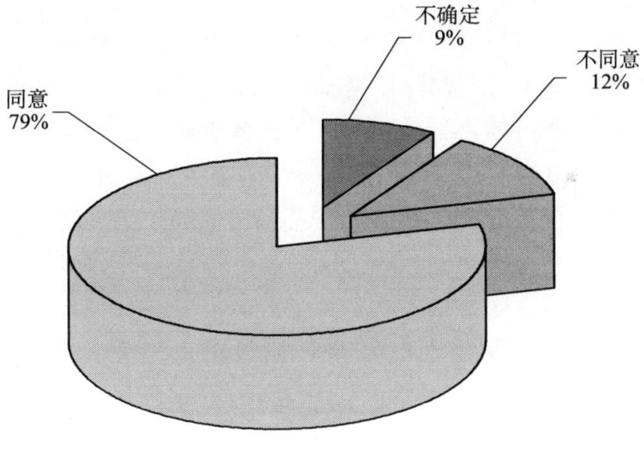

图4-4 软件及服务外包作为主导产业的认同情况结构图

四、金融业

金融业主要包括电子银行、电子交易、电子证券、电子政务等。

2008年，西安高新区将金融服务工作列为园区产业服务工作的重中之重，一方面通过优化园区区域金融服务环境，大力吸引各类金融机构入驻园区；另一方面通过完善扶持企业融资政策体系，促进银企合作、带动产业投资、引导创业投资、推进企业上市等多方面工作。截至2008年年底，西安高新区在册各类投资机构 213 家、注册资本总额 59.789 亿元，区内企业累计获得各创业投资机构投资 47.36 亿元（西安高新技术产业开发区管理委员会，2008a）。

担保机构方面，西安高新区不仅出台相关政策，还积极为担保公司的房产、知识产权等抵押登记开通绿色通道，开展联合担保等新业务，大大拓展了担保机构的业务范围，增强了抗风险能力。证券市场方面，西安高新区已和包括美国纳斯达克交易所、香港联合交易所、东京证券交易所、新加坡交易所、伦敦交易所等多家世界交易所开展了长期业务合作，截至 2008 年年底，全区国内外上市上柜企业累计达到 47 家。其中，美国 OTCBB 市场挂牌 6 家，国内中小板市场上市 1 家，通过并购控股国内上市企业 2 家，利用股份报价转让系统的公司 2 家，发行企业债券的上市企业 4 家（西安高新技术产业开发区管理委员会，2008b）。

于 2009 年 7 月 31 日挂牌成立的长安银行突破原来受单一城市的限制，延伸和构筑一条通向全陕西以至跨省区的融资渠道，加大对地方经济的信贷投入力度。长安银行总部设在西安高新区，注册资本 30 亿元人民币，长安银行的成立为金融业的发展提供了良好的契机。

西安高新区要充分利用现有资源，加快推进电子银行和电子交易建设，实施银行交易的改造，促进银行与网络的融合；开发和利用政府、企业、社会公众资源，重点开发电子证券服务；大力发展电子政务服务，逐步建立部门和行业金融中心，向社会提供信息咨询、分析和研究等增值服务，以增加信息透明度；加快建立一批信息量大、覆盖面广、服务功能强的专业网站和知名度高的门户网站，为社会提供电子银行、电子交易、电子证券、电子政务等方面的服务。

综上所述，西安高新区金融业有着相当大的发展潜力。多数专家、西安高新区主管部门及骨干企业中层以上领导对把金融业作为主导产业持赞同观点（图 4-5）。

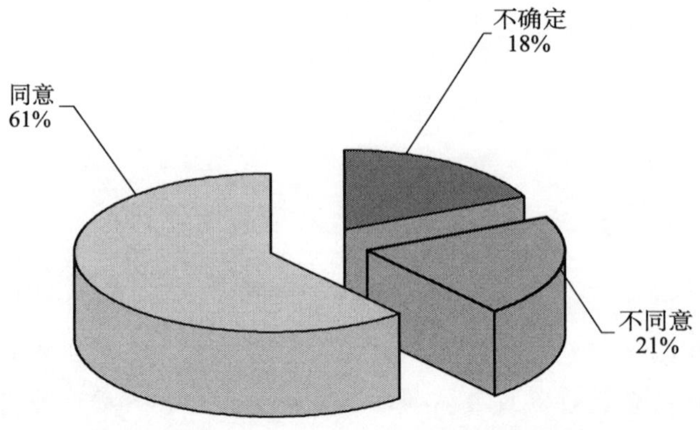

图 4-5　把金融业作为主导产业的认同情况结构图

在确定主导产业时，通过对现代物流业、文化创意产业、现代商业、教育培训、中介咨询等产业的调研得出结论：赞同将上述产业作为主导产业发展的比例相对较小。

第四节　创新型服务业发展的战略步骤

一、优先发展主导产业

西安高新区应逐步形成以研发及技术转移、信息服务业、软件及服务外包和金融业为主导的产业结构，同时大力发展现代物流、现代商务、中介咨询、文化创意产业、教育培训及卫生、社会保障与社会福利等产业，使西安高新区成为陕西乃至西部地区创新型服务平台和产业优化升级、辐射扩散、梯度转移的前沿阵地，初步形成具有明显创新特征的服务经济，为建设世界一流科技园示范区奠定基础。

二、主导产业带动其他产业发展

在整体经济实力发展到一定程度，人口聚集到一定规模的时候，西安高新区要重点考虑教育培训、卫生、社会保障与社会福利等与民生密切相关的产业，为实现西安高新区的后续发展提供一定的支撑。在大力发展研发及技术转移、信息服务业、软件及服务外包和金融业等主导产业的同时，西安高新区要根据自身发展状况、国内外经济形势变化，调整优化西安高新区创新型服务业的产业结构及布局，以主导产业带动其他服务产业的发展，提升西安高新区整个服务产业的发展层次，使西安高新区创新型服务业在自主创新能力、规模经济能力、国际竞争能力等方面有新的突破，形成国内领先的创新型服务业聚集区，基本符合世界一流科技园示范区的要求，在西安国民经济中所占比重进一步提高。

三、主导产业与其他产业协调发展

在主导产业确立优势的同时，西安高新区应力争在其他服务产业发展上有所突破，使主导产业的扩散效应得到最大化体现，从而促进与其他产业的协调发展，进一步巩固其在西北地区的龙头地位，最终完成以高新路—科技路—唐延路（沣惠路）—锦业路（中央商务区）为轴线，总长约10公里，营业收入过万亿元的服务业产业带的建设任务，并能使研发及技术转移、软件及服务外包、信息服务业和金融业等为主导的创新型服务业产值达到西安高新区服务业总产值的60%以上，同时争取在文化创意产业、中介咨询、现代商业、现代物流等产业的发展上有质的飞跃，形成一批具有国际知名度的大型服务产业集群，使之成为西安高新区作为世界一流园区的强大支撑。

第五章　西安高新区创新型服务业发展的对策建议

第一节　开拓创新型服务业的特色发展之路

基于陕西、西安及西安高新区的发展基础和条件，创新型服务业应在实现普遍服务和满足基本需求的前提下，依托比较优势和区域经济发展实际，科学合理规划，充分发挥人才、物流、信息、资金等相对集中的优势，形成充满活力、适应市场、各具特色、优势互补的发展格局，不断提高创新型服务业的质量和水平。

一、制订科学的创新型服务业发展规划

陕西省政府应定期召开西安高新区创新型服务业各行业发展专题研讨会议，邀请国家发展和改革委员会、中国服务业发展协会、陕西创新型服务业各行业协会和各行业相关专家与学者，陕西、西安、西安高新区管委会的领导及西安各高校专家，研究西安高新区创新型服务业发展问题，制订未来3～5年的《高新区创新型服务业发展规划》。西安高新区应以该规划为主要依据，形成重点突出、产业互补、协同发展的创新型服务业发展新格局；按照产业集聚、特点鲜明、资源循环利用、生态环境可持续发展等要求进行建设。

二、优化产业发展布局，形成特色产业基地和产业结构

首先，西安高新区应不断优化产业布局，加快建设“两带四区七园（基地）”。对其中的万亿元现代服务产业带、万亿元高新技术产业带、现代商业聚集区、总部经济聚集区、创意产业聚集区、金融商务聚集区、创业研发园、软件园（软件新城）等对创新型服务业快速发展具有重要意义的产业布局安排，西安高新区应充分结合现有优势资源与发展现状，合理规划配置资源，从而为创新型服务业发展营造优势发展空间。

其次，西安高新区应促进创新型服务业的集群化发展。西安高新区通过优化产业布局，加快技术、人才等要素资源的合理流动与配置，降低产业发展成本，提高企业生产经营效率和市场竞争优势；分类引导不同类型的创新型服务业集群；采取不同思路、制定不同政策，针对各类集群的发展特点进行引导。例如，对金融产业集群的发展，西安高新区可采用多元化的金融组织体系和多层次的资本市场，在CBD（中央商务区）范围内高度聚集金融产业的核心环节，即国内外的银行、保险、证券、基金和财务公司等金融机构，以及一些中介服务机构，形成金融投资机构密集、要素市场完备、资本集散功能强的经济增长极；也可以抓住国内外金融中心功能区分散化趋势，与CBD相呼应，在西安高新区形成金融后台服务、银行卡产业、金融创新等主题鲜明的金融产业聚集区。

最后，西安高新区应形成独具特色的主导产业结构，探索和推动新型业态发展和商业模式创新，在特色产业领域的关键技术上取得创新和突破。在产业发展上有所区别，西安高新区应重点支持研发及技术转移、信息服务、软件及服务外包、金融业等高科技服务业的发展，着力培育道路交通、能源、新材料、资源循环利用及文化创意等新兴产业，为创新型服务业的发展提供保障，为西安高新区持续发展打下基础。

三、培育规范有序的产业市场

首先，西安高新区应进一步刺激服务需求的增加，扩展创新型服务业的发展空间。完善信用消费制度，增加信用消费产品，提高服务消费能力。政府可以协助创新型服务业企业与指定金融机构，如交通银行、中国建设银行等，在金融产品开发与使用方面展开合作。政府对居民通过刷卡、贷款方式购买信息、保险、金融、文化等创新服务类产品，可给予消费总额5%～10%的减免，在促进金融产品使用的同时刺激对创新型服务业产品的需求。另外，政府对居民在信息、软件等创新型服务业产品方面的消费可给予0.5%～1%的补助。政府通过有效的优惠鼓励政策积极扩大服务消费群体，达到增加有效需求的目的。

其次，政府要不断加快专业市场建设，提高专业市场的集中度，促进市场集群有序发展，引导布局分散的中小市场逐步集中到统一规划的发展区内，培育重点特色市场。首先加快人力资源市场建设，为创新型服务业企业招聘、人才发展提供全方位服务；其次要推进物流中心建设，依托专业市场、仓储转运、园区等要素，建立信息畅通、反应迅速的物流信息系统，为西安高新区企业提供高质量的物流服务；最后，要建立研发及技术转移、信息服务、软件及服务外包、金融业等行业的专业市场，保证各市场共享基础设施和公共服务，为创新型服务业各行业的发展提供更多的空间。

四、实施品牌化与国际化发展战略

首先，西安高新区应大力塑造和推广品牌效应，设立西安市城市品牌建设和形象推广机构，在准确把握古都文化、休闲文化和美食文化等特色文化内涵的基础上，综合运用电视、报纸、杂志、互联网等媒体向全国、全世界宣传西安城市形象。同时，结合会展业的发展，举办一批具有国际国内影响力的节庆、赛事、论坛等活动，提升城市品牌和创新型服务业品牌的影响力。

其次，在推广城市品牌的基础上，西安高新区应重点培育研发及技术转移、信息服务、软件及服务外包、金融业四大创新型服务业品牌，形成体现西安服务水平的具有国际影响力的品牌行业、品牌企业和品牌产品。

再次，西安高新区应不断提高创新型服务业对外开放程度，鼓励及带领创新型服务业企业走出去，多渠道开拓国际市场，培育壮大外贸出口主体，加强与中国出口信用保险公司等金融机构的合作，帮助企业防范出口风险，提高出口加工区通关便捷性，为扩大企业出口提供良好平台，制定进出口税收优惠政策，对内资鼓励类及外商投资鼓励类创新服务产业的产品可以按适当比例减免关税和进出口环节增值税，将承接国际服务外包作为扩大服务贸易的重点，加快培育一批具备国际资质的服务外包企业。

最后，西安高新区应充分发挥一流企业的高端辐射作用，以高端技术、人才引领创新型服务业各业态的快速发展，重点应引进以世界500强为代表的国内外知名创新型服务业企业及实力雄厚的跨国公司入驻高新区或在园区设立研发中心，支持本土企业与跨国公司共建技术研发联合体，促进跨国公司的技术、人才和管理经验在西安高新区的扩散，鼓励企业以品牌为纽带，推进资产重组，进行跨地区、跨行业兼并和重组，实行规模化、集约化、网络化、品牌化经营，创建并发展一批大型服务业企业集团，制定和实施对名牌服务产品与驰名商标企业的保护和奖励政策。对区内获得全国、陕西、西安著名产品或著名商标的创新型服务业企业，西安高新区应授予其“名牌企业称号”，同时将其作为模板，为区内创新型服务业发展树立典范。

五、大力发展总部经济

西安高新区应充分利用自身特有的优势资源吸引企业总部集群，形成总部聚集效应，加快创新型服务业总部建设。

首先，西安高新区应积聚人才、金融、高端技术等资源要素，制定税收减免、土地使用优惠、高端人才奖励等政策，吸引国内外知名创新型服务业企业入驻西安高新区。以发展高新技术产业为根本，以总部经济为重点，全力打造中国科技创新中心、西部高新技术产业中心、西部现代商务金融中心，吸引世界500强及著名跨国公司在西安高新区投资，设立地区总部或研发中心，或将其具有总部功能的研发、商务、客户服务与支持等环节迁入，重点吸引世界知名企业研发设计总部，以积极的态度和相关的鼓励政策，邀盟世界名牌公司的研发中心，引进海内外中小企业的研发集群，形成带有标志性和强势品牌概念的“跨国公司研发机构服务聚集区”，融入国内一流的软、硬件增值服务，旨在把“西安国际研发机构聚集区”，打造成为亚洲一流、在全球有影响力、为海内外研发机构所首选或优选的高端服务业聚集区，同时还要注重金融、商务服务环境的建设，特别要加强对国际知名中介服务机构的引入与培植，从而为总部经济的发展提供重要的专业服务支撑。

其次，西安高新区应形成较强的内生增长机制，培育出有国际竞争力的跨国大公司。西安高新区创新型服务业企业要通过自身的组织创新、机制创新、管理模式创新、商业模式创新、知识创新等方式，提升自主创新能力，积极参与国际市场竞争。西安高新区要特别注重完善市场信息网络，关注互联网增值服务的迅猛发展，力争在商业模式上不断创新，大力促进网络营销、电子商务、物联网等现代高科技商业模式的发展，通过更便捷、更高效的手段提升企业综合竞争力。企业必须确立其在自主创新中的主导地位，加快建设产学研相结合的技术创新体系，努力实现新技术的产业化。西安高新区可以通过集群发展、资产重组、合资合作、兼并收购、战略联盟等方式，不断整合高端资源，扩大发展规模，提升自身核心竞争力，打造西安高新区创新型服务业的优势品牌，为建立国际知名品牌奠定基础。

六、促进服务外包产业的迅速发展

服务外包产业是智力人才密集型的高端服务业。随着经济全球化浪潮的推动和科学技术的飞速发展，服务外包正成为国内外企业应对竞争并提升国际竞争力的重要手段。因此西安高新区应把握全球服务外包蓬勃发展的机遇，以增强西安高新区服务业竞争力为目的，使服务外包成为西安高新区经济增长的“绿色引擎”。

首先，西安高新区夯实服务外包信息化基础，通过远距离提供服务，让企业享有优质低廉的信息服务，是实现外包服务发展的前提。西安高新区要充分利用通信与互联网高新科技成果，大力推进信息化与工业化融合，使信息产业对创新型服务业的腾飞发挥更大的支撑作用。

其次，西安高新区应大力加强服务外包人才教育培训工作。复合型中高端人才和适用性技术人才短缺是制约创新型服务外包产业的突出瓶颈。因此，西安高新区一方面要完善和创新人才培训方式，鼓励社会力量介入，针对不同企业（软件服务外包、金融服务外包等）、不同市场的需求实施定制化培训，强化动手能力和实际业务流程训练，提高人员培训质量，另一方面要设立服务外包培训专项资金，主要用于新增就业岗位的各类人才培训项目，重点培训大学应届毕业生和尚未就业的大学毕业生及服务外包企业新入职员工，力争在五年内培训30万～40万名承接服务外包所需的实用人才，吸纳20万～30万名大学生就业，有效解决服务外包产业人才短缺和大学生就业问题。服务外包培训内容主要包括从业人才资质培训、国际认证培训、行业标准及相关知识产权培训、企业新入职人员岗前业务技能培训等。

再次，西安高新区应加强服务外包知识产权保护，引导企业、个人提高知识产权保护意识，各部门协同配合，推动企业诚信体系建设，减少由人员流动带来的知识产权泄密，支持和指导创新型服务业企业到境外申请专利、著作权、商标等知识产权，对申请和维护费用、代理费用等给予补贴，同时，要尽快建立与国际制度接轨的法律制度特别是知识产权保护法，加快形成有利于知识产权创造、保护与运用的体制，构建保护知识产权举报投诉服务中心与相关执法部门间的信息化工作平台，坚决打击破坏市场信用的各种违规违法行为，建立有利于保护知识产权、企业重要数据和个人信息的市场环境。

最后，西安高新区应积极有效地开展服务外包投资促进工作，着力优化投资软环境。西安高新区应认真研究服务外包发展的最新趋势，针对跨国公司外包服务战略和具体意向，借鉴其他国家和地区的成功经验，积极有序开展服务外包投资促进工作，充分发挥各类中介组织的作用，大力推进跨国公司将其具有一定规模的服务外包业务转移到西安高新区，使西安高新区成为服务外包重要基地。

七、实现创新型服务业与先进制造业的联动发展

先进制造业是服务业发展的基础和支撑，可为创新型服务业的发展创造需求空间；创新型服务业是提高先进制造业专业化水平的关键，对先进制造业降低成本、提高发展水平和增强竞争力意义重大。西安高新区应高度重视先进制造业与创新型服务业发展的关系，紧紧抓住金融保险、现代物流、信息服务、科技服务、商务服务和创意研发等关键环节，实现创新型服务业与先进制造业的协调、有序发展。

一方面西安高新区要加快主导产业发展，在高新技术产业集群发展、规模跃升上取得新突破，重点围绕电子信息、先进制造、生物医药和现代服务四大主导产业及其产业链，把电子信息产业作为西安高新区主导产业的突破口，在通信、

光伏、电子元器件、软件与服务外包产业发展上整合资源，加大扶持，形成优势；另一方面，在已形成的优势主导产业基础上，大力发展创新型服务业，努力形成创新型服务业与先进制造业联动发展的新格局。

第二节　构建创新型服务业发展的服务创新体系

一、加强公共服务与市场中介服务平台建设

（一）加强政府服务机制创新

首先，西安高新区应组建专门的创新型服务业发展办公室，对高新区创新型服务业的规划、建设、人才和技术等实行统一领导、统一政策、统一规划、统一管理。对西安高新区进行规范、科学的管理，以维护西安高新区创新型服务业稳定的发展环境，可采取西安高新区领导小组-高新区办公室-创新型服务业发展办公室三级管理模式，实现西安高新区创新型服务业的企业化、社会化综合管理模式。

其次，西安高新区应简化行政审批手续和程序，不断提高政府行政效率。继续推行“一厅式”政务大厅运作模式，使政务大厅的行政审批、企业服务、政务投诉“三位一体”的功能进一步加强，减少审批事项和环节，提高政府的办事效率。

最后，西安高新区应完善信息网络，构建政府信息发布服务平台，建设并完善创新型服务业信息发布制度，积极推进法律、法规、政策，以及地块招商、房地产开发、商务楼宇招商、中小企业转让、企业融资并购等信息资源的发布和交易服务指南，在产业动态、发展趋势、投资导向等方面予以引导，为园区管理机构和创新型企业提供从信息咨询、数据库管理到网上技术交流和产品宣传的全方位、网络化信息服务，努力实现信息资源社会共享，使之成为西安高新区对内服务、对外交流的一个重要窗口，同时应不断规范行政行为，增强透明度和公开性，健全监督制约机制。

（二）大力发挥中介服务机构的职能

西安高新区应积极引进国内外著名的技术专利代理机构、鉴定机构、投资机构、信息与咨询机构、财务、法律、猎头等中介机构，发挥其在融资服务、技术咨询、技术转让、知识产权服务、人才引进等方面的功能，为高成长性企业提供

增值服务。西安高新区还应加大对陕西工业研究院、西北工业研究院等科研机构的扶持力度，促进产学研资源在研发、成果转化、培训、信息等方面的交流与合作，充分发挥中介服务机构的桥梁和纽带作用。

二、打造全方位知识创新体系

（一）加强产学研的交流与合作

西安高新区应积极支持企业协会、专业委员会、企业高管俱乐部等组织开展多种活动，建立西安高新区创新服务业的信息网络，鼓励区内企业与外界相关方的交流与合作。

首先，西安高新区应积极搭建企业间交流与合作平台。在信息软件合作领域，西安高新区软件园可与其他先进软件园共建信息共享平台，提供网络资源服务，为软件及服务外包企业提供更多的发展空间和机遇；在技术转移合作领域，西安高新区可通过该平台走“引进来、走出去”发展战略，引进先进科技技术，为创新服务业的发展奠定坚实的基础；在金融高端合作领域，可以通过建立“创投广场”，构建较为完善的金融服务链，促进投资诚信体系建设，积极打造项目投融资推介活动，构建西安高新区多层次资本市场体系。

其次，西安高新区应积极搭建企业、高校和研究机构合作平台，鼓励企业、高校和研究机构等通过自建、联建等多种方式，主动参与以产学研合作为重点的技术创新活动，建立以企业为主导的项目合作机制，通过组织和完善定期主题座谈会、课题研讨会、项目论证会，组织开展专业学会活动和建立非正式交流、沟通平台等，使最新的科技前沿信息和科技研究、产业发展动态及时在各主体之间得到交流。

（二）促进研究开发成果的转化和扩散

首先，西安高新区应围绕创新型服务业支柱产业和产业集群的发展需要，利用政府财政专项基金投资或资助企业、研究机构、高校共同建设一批有核心技术和特色的科研中心或基地，形成若干高水平、新机制、与国际接轨的重点实验室、工程技术研究中心、企业技术中心。加强知识基础条件平台建设，基本建成完整的全市科技资源共享服务体系、管理体制及其运行和绩效评价机制，为知识创新提供持续有效的科技资源支持。

其次，西安高新区应加强科技成果转化平台建设，特别是探索创新孵化器发展和建设的模式和机制。政府要为孵化器的发展提供融资支持、税收优惠和其他政策法律保障。围绕西安高新区的特色优势产业集群，推进孵化器和产业联盟建设。鼓励高等院校、科研院所、企业等多元主体创办各类专业孵化器，形成多样化的模式和机制，促进金融机构与风险投资机构参与孵化器的建设及在孵企业的融资。西安高新区应可尝试孵化器直接开展风险投资、孵化器吸收风险投资、风险投资直接创办孵化等形式，同时还应注重知识产权交易中心的建设，以利于实现科技成果资本化、产业化，全力推进知识产权的质押融资。

最后，西安高新区应促进知识的流动和扩散，提高创新能力，可以通过交流会议、开设论坛、组织专题研讨等方式进行各种行业交流，以促进创新型企业间的认知及企业间的信息交流，充分发挥高端引领作用，以西安高新区创新型服务业发展的龙头企业带动其他中小企业，建立具有产业特色的知识创新体系。

（三）加强知识产权保护力度

（1）西安高新区应利用宣传材料、电视讲座、纪录片、组织学习等多种形式，在西安高新区内创新型服务业的从业人员中普及知识产权知识，提高知识产权意识。

（2）西安高新区应成立知识产权保护领导小组，处理知识产权保护相关事务，从专利信息查询、版权登记、成果转化、预警维权、专项资助等方面为创新型服务业主体提供全方位服务。

（3）西安高新区应进一步完善知识产权保护的相关政策法规，鼓励西安高新区的创新类企业、科研机构及相关人员通过专利申请、商标注册、软件著作权登记等措施进行自主知识产权保护。对拥有自主知识产权较多的企业可授予“创新优秀企业”等荣誉称号，并给予该企业5%～10%的所得税减免。对企业在取得知识产权过程中发生的费用，可以根据该知识产权的实际价值给予其全部费用30%～50%的补贴，建立知识产权侵权处置机制，对园区内出现的知识产权侵权行为进行快速有力的处置，有效遏制知识产权的侵权违法行为，化解企业知识产权纷争。

（4）西安高新区应加强对从事知识产权代理、咨询、鉴定、评估等中介机构的培育、指导与监督，形成政府、企业、中介机构和行业协会四位一体的知识产权推动机制。

（5）西安高新区应建立知识产权保护信息共享和诚信档案制度：及时交换知识产权案件的处理结果等工作信息，有关单位在发现侵权事件的线索时及时通报管辖机关，保证管辖机关能立刻开展调查；建立知识产权诚信档案，记载侵权事实和处理结果，向相关企业和个人提供查询，从而引导企业完善内部预防和保护机制。

（6）西安高新区应建设西安高新区知识产权交易中心，为知识产权质押融资提供质押物评估、流转等功能平台。该平台应重点实现以下功能：一是在源头上参与对可供质押的知识产权进行价值评估，对相关知识产权进行备案并探讨潜在的市场流转空间；二是在质押的知识产权需要退出市场操作时，利用公开交易平台实施流转；三是流转的具体操作方式应包括竞价、拍卖等途径。另外还要培育质押物的流转市场体系，为知识产权质押融资提供源头定价及退出操作等市场支撑。

三、构建多渠道金融服务体系

西安高新区应培育西安高新区金融商务区，利用金融业的聚集效应，吸引国内外实力雄厚的金融机构总部进驻西安高新区，促进西安区域金融中心的形成。

西安高新区应支持金融机构创新发展，不断提高中介机构服务水平，通过中介机构行使信用担保的职能，解决金融交易中信用不足而产生的金融阻塞问题。组建全国或区域性中小企业政策性银行，专门扶植中小企业发展，对需要扶持的小企业发放免息、贴息、低息贷款。

西安高新区应建设产权交易为主的柜台交易市场，努力形成包括股权托管、股权质押、融资担保、融资租赁、投资联盟、并购贷款、投资基金，以及为中小企业改制重组上市提供政策性、权益性和债务性融资服务在内的投融资服务链，会聚一大批银行和各类投资机构和基金，为创新型服务业企业的资源合理流动、产权转让及并购等提供条件，同时还可建立一个集报价系统和柜台交易于一体的场外交易市场。西安高新区要特别注重加快科技成果资本化、产业化进程，全力推进知识产权的质押融资，通过建设知识产权交易中心，为知识产权质押融资提供质押物评估、流转等功能平台。

政府还应做必要的协调服务工作，构建企业上市“绿色通道”，加大上市公司培育力度，形成上市企业西安板块，对上市公司、拟上市公司在用地指标、税费补贴等方面给予有力扶持，增强企业上市的动力。

西安高新区应促进风险投资市场的建设。健全风险投资机制，使民间资本成为风险投资的主角，同时积极引进和培养风险投资人才。政府应从各方面对风险投资业进行扶持，包括加强宣传风险投资、制订发展规划、进行税收减免、制定风险投资法规、对风险投资的运作实施监管等。税收优惠是促进风险投资发展的有效工具，对投资于风险企业的风险投资基金免征所得税；风险投资基金向投资人分配所持证券时，免征资本收益税，只在证券出售变现时征收资本收益税。

四、完善监测、预警及诚信评价机制

西安高新区应协调各有关部门，制定科学、规范的创新型服务业统计指标体系，健全创新型服务业发展的监测、预警、预测和形势分析制度，强化对西安高新区创新型服务业经济运行情况的监测与分析。把具有较大规模的企业作为监控重点，每季度召开一次西安高新区经济运行分析会，及早发现问题，及时采取措施。

西安高新区应加强诚信宣传力度，大力整肃社会信用秩序，完善和规范市场经济条件下的财产关系、信用关系和契约关系，建立企业信用评级体系，创建“西安高新区企业诚信联盟”，逐步建立区内企业征信系统，充分发挥专业信用评估机构的作用，引导企业参加信用评级，建立覆盖广泛的信用信息库，构建服务业的诚信评奖体系，由政府拨专款建立，对诚信单位予以适当奖励。

五、成立创新型服务业行业协会

西安高新区应加大行业管理力度，成立西安创新型服务业行业总协会与金融、软件及服务外包、研发及技术转移、信息服务业等行业的分行业协会，形成总协会全面规划、分协会具体实施的有序行业协会组织。行业协会主要由各服务行业企业负责人、政府相关主管部门人员组成。具体职能应如下：积极反映各服务行业所面临的新问题，积极协调服务业发展过程中与其他政府部门或企业之间产生的各种矛盾，收集汇总有关服务业的统计数据，对西安服务业进行数据整理和发布。

六、加快公共管理的配套设施建设

西安高新区应加快区内道路交通信息网络平台、水电热供应及环境绿化等基础设施建设，完善写字楼、停车场、高档宾馆、会议展览等商务设施智能化条件，加强支撑创新型服务业发展的相关配套功能，不断提升人才培训、法律咨询、金融、结算、信息、人居环境等方面的服务水平，加快建设唐延路商务第一街，着力将其打造为集国际活动、时尚性文化生活、精致性城市景观于一体的商务第一街，为西安高新区创新型服务业的发展提供良好的支持环境。

第三节　制定创新型服务业发展的促进政策

一、优秀人才吸引政策

首先，西安高新区应采取积极的方式招揽人才，抓住金融危机造成国际著名企业大量裁员的机会，大力招揽高层次人才，构建吸引人才、激励人才、培养人才和留住人才的人力资源服务体系，围绕软件及服务外包、金融、研发及技术转移等领域，积极吸引海内外高端服务业领军人才。对认定的高层次人才，西安高新区可以给予其个人所得税缴纳额30%的奖励，对为西安高新区创新服务业做出突出贡献的人才，可以一次性给予其100万元的特殊奖励。

其次，西安高新区应建立人才绿色通道，对新引进的高层管理人员，可视情况给予一次性安家补贴，以优惠价格出租公寓，提供完善的社会保障。高层次人才及家属在购房、医疗、保险、入学等方面享受本省城市居民待遇，其高中以下的子女可安排在西安高新区所属学校优先入学。

最后，西安高新区应注重对国际国内创新型高层次人才的激励，对经营业绩较好的企业，可根据企业营业收入的适当比例或纳税总额的1%～5%给予经营者奖励；设立西安高新区"创新服务业优秀贡献者"奖励办法，据其所创造的价值大小给予荣誉与物质奖励；划拨专项基金支持优秀人才创新创业。选派业务能力强、积极上进的企业骨干人才出国留学深造，加大人才储备；资助回国留学人员从事创新创业的技术攻关与改造项目，根据项目实施的难易程度和预期收益，制定不同的资助标准。对重点项目资助8万～10万元；对优秀项目资助3万～5万元；对启动项目资助2万元。

二、融资渠道创新政策

西安高新区应建立政府引导资金、金融机构信贷、科技风险投资、债券发行、民间资本等相结合的多形式、多渠道投融资机制，大力发展金融业，参照刚成立的总部设在西安高新区的长安银行，以新设合并方式筹建地方性本土商业银行，吸引实力雄厚的国内外金融机构入驻西安高新区，从而大力促进西安高新区金融业的发展。

另外，西安高新区应采取相关措施鼓励企业上市融资，根据上市融资程度不同，给予不同金额的奖励：对已经进入上市辅导期、经省级证券监督管理机构备案的企业，给予不超过30万元的奖励；对完成在沪、深两市主板上市的企业，给予不超过200万元的奖励；对为企业提供贷款和贷款担保的机构，西安高新区应酌情给予适当奖励和补贴，在开发建设模式上，支持总部企业利用资本市场进行融资，并协调解决其在境内外上市融资过程中遇到的困难。

三、财税优惠政策

通过政府财政预算安排资金，西安高新区应设立"西安创新型服务业发展专项资金”，重点支持信息服务、软件及服务外包、金融业、研发及技术转移等创新型服务业关键领域、薄弱环节的发展。

西安高新区应对区内创新型服务业重点行业实行财税优惠，着力发展与完善同创新型服务业相关的各项税收制度。例如，对软件开发企业，其用于产品研究开发的款项不作为企业所得税应税收入，西安高新区新成立的软件企业，可自企业获利之后的两年内免征企业所得税，在五年内给予适当比例的减免；对技术先进型服务业企业离岸服务外包免征营业税；对在西安高新区新设立或新迁入的金融机构总部，可根据其注册资本情况一次性给予其注册资本0.1%的补助，若其为未上市机构，视其融资额的多少给予0.2%的奖励。

四、土地与房屋支持政策

西安高新区应对园区内的创新型服务业企业和项目，在土地使用、住房等方面采取相关的优惠政策。首先，西安城市总体规划要充分考虑创新型服务业发展的需要，保证服务设施用地，合理确定创新型服务业用地的比例，对列入国家鼓励类及对西安高新区经济迅猛发展具有重要意义的创新型服务业在供地安排上给予倾斜；其次，对入驻西安高新区的创新型服务业企业给予房租减免或优惠，如国际知名企业在西安高新区新设公司的，可给予一年房租全额补贴，在三年内给予30%～50%的房租补贴，对本地创新型服务业企业因扩大研发及创新规模所发生的房屋扩建费，三年内给予20元/月的补贴。

五、企业扶持政策

首先，西安高新区应不断加大创新型服务业企业培育力度，充分发挥产业领导小组、职能部门、专业园区（基地）、行业协会、产业联盟的作用，对较大的创新型服务企业实行重点监控和跟踪服务。西安高新区应加大高新技术企业认定力度与资金支持力度，继续实施“515”龙头企业扶持计划和“瞪羚”企业扶持计划，对具有发展潜力的企业因发展需要发生的贷款利息，政府可给予不低于利息的20%的补贴，对其发生的宣传费用，可以给予30%的补贴等。

其次，西安高新区应采取多元优惠政策扶持中小企业快速发展。由于创新服务业本身所具有的特性，从事创新服务的中小企业为数众多，但中小企业本身发展根基不稳，竞争力弱，缺乏融资渠道和先进的创新体系，所以其发展的瓶颈更为突出。因此西安高新区应切实加大对中小企业减税降费和金融支持的力度。在无抵押贷款、担保贷款等方面继续努力，通过出台相关奖励政策，引导金融机构将相关优惠政策进一步瞄准中小企业和微型企业，对创新型服务企业予以信贷支持。对为创新型服务业企业中的中小型企业或民营企业提供担保的机构，政府可以给予其担保额1%～2%的补贴，对担保对象是发展潜力巨大、吸纳就业多及运用新技术、新业态、科技成果显著的企业，其担保补贴还可增加50%～70%，同时以总部设在西安高新区的长安银行为契机，大力发展专门的“中小企业金融服务中心”，帮助中小企业解决融资瓶颈。

第四节　完善创新型服务业发展的招商引资机制

根据高新区创新型服务业发展的实际状况，本书认为招商引资工作是制约诸多创新型服务业企业发展的因素，也是今后创新型服务业发展过程中需要不断强化的重点工作。

一、明确招商重点加大招商力度

西安高新区应把引进世界500强和国内外著名高科技企业的研发中心、先进制造和创新型服务业作为招商重点，充分利用现有商务空间，大力吸收研发及技术转移、软件及服务外包、信息服务、金融业等创新型服务业的主导企业入驻。积极整合省内的各种资源，与陕北能源化工基地，宝鸡、杨凌等高新区开展形式多样的对接活动及项目开发合作，支持其在西安高新区设立招商办事处，鼓励省内企业在西安高新区设立区域总部。西安高新区应以完善产业链和壮大产业集群为目标，促成一批投资强度高、附加值高的高新技术产业项目入区。

二、组建优秀招商团队精心策划专项招商活动

西安高新区应选拔具有丰富工作经验、实战能力及专业素养的人员组成专项招商团队，采用课堂培训、经验交流会、讨论会等多种方式培养具备招商素养的专业人员，不断提升现有招商人员的招商技能，还应及时总结招商经验，建立相关信息系统，为后续的招商工作提供参考。

西安高新区应加强对西安高新区品牌和发展环境的宣传推介力度，重视对区内企业与项目的整合包装，编印项目册，召开推介会，通过多种媒介策划宣传西安高新区创新型服务业中的优质项目，树立良好的区域形象与产业形象，促进区内优秀创新型服务业项目和境内外优质资本的对接。大力完善产业配套设施，使配套设施能很好地支撑项目运作。

西安高新区应深入研究招商形势，围绕西安高新区产业集群和产业链中的关

键环节，精心策划一批具有战略意义的大项目和预期财税贡献大的优质项目，有针对性地完善产业配套设施建设，形成“以大项目带动配套，以加强配套吸引大项目”的良性循环。精心策划，在美国、德国、加拿大等国家，以及中国上海、深圳等地开展主题招商引资活动。建议采用举行或参加大型的招商活动与举办小型专项招商活动相结合的方式，有目的、有针对性地进行招商。

三、创新招商引资方式大力拓展招商渠道

西安高新区应创新招商引资方式，加强与政府驻外机构、国内外行业协会、专业策划机构、招商中介机构的沟通与联系，发挥各驻外代表处的作用，积极推行委托招商、中介招商、网上招商等方式，推行以商引商、叩门招商、节会招商等多层次、多渠道的招商方式。

西安高新区应清楚认识到入区企业是招商引资最大的资源。招商部门要研究好区内企业尤其是大企业的情况，积极搭建平台，推动合作、并购、嫁接等多种形式，以企引资，以商引商。

四、强化服务意识打造一流投资软环境

西安高新区应以为投资者提供一流的服务为目标，以配套环境、金融环境、服务环境的提升为重点，强化“招商是龙头”的理念和“亲商、安商、富商”的意识，为招商项目提供优质高效的服务。

首先，西安高新区应对入区项目实行科学、严格的评审制度，严把项目入区关。重视招商引资的质量，完善对项目技术含量、市场前景、经济效益、环境影响等方面的评估机制，建立入区项目跟踪评价机制，切实为西安高新区的快速发展和集约利用土地提供优质项目支撑。

其次，西安高新区应针对招商重点项目，成立专门的项目小组，实行全程式、跟班式服务。每一个项目的落户都由招商部门指定人员跟踪负责，真正做到“扶上马，送一程”，从而达到以商招商的目的，切实做好新的政务大厅的建设、管理和运行，形成全国最好的“一厅式办公”运作模式，还应不断优化流程、简化程序，提高服务效能，简化外商投资审批程序，提高办事效率，同时加强签约项目的跟踪与服务，力求建立以市场机制为主，政府引导为辅的招商引资工作新机制。

再次，西安高新区应采取具有吸引力的招商优惠政策，如减免资源占用类以外的行政性收费，着力创建“零行政收费”园区，对大项目给予人才、土地等多方面的政策支持。

最后，西安市技术监督局、环保局等行政执法部门与西安高新区管理委员会应做好与外资企业之间的沟通和协调工作，坚决保护外商的合法权益，同时对外资企业进行严格管理，为外资企业提供可持续发展的空间与环境。

下篇　总部经济研究

总部经济是伴随着经济全球化、信息网络技术的发展和我国经济市场化程度不断加深而出现的一种新的经济理念。总部经济是指特定区域通过自身所持有的优势资源吸引总部企业集群布局，促进聚集效应的形成与扩大，通过“总部＋生产制造基地”的模式辐射带动生产制造基地承载区的快速发展，进一步促进区域分工协作、资源优化配置的新型经济形态。首先，总部经济是各种经济社会要素的大集合，聚集于某一产业，但又不局限于同一产业内部，或是一条产业链上相互关联企业的聚集；其次，总部经济的典型形式是企业总部在中心城市的高度聚集，如果区域内总部和总部派出机构聚集的数量不够多，就不会产生地域经济现象，也不会产生与总部经济相联系的外部规模经济；第三，总部经济不是一种低级、杂乱无章的企业聚集，它所聚集的总部是大企业、大集团内部的融资中心、结算中心、研发中心、营运中心等，并与企业的生产环节形成合理的空间布局。因而总部经济是一种特殊的聚集经济，企业总部在地理空间上的聚集成为总部经济存在与发展的首要前提。总部经济在宏观上表现为功能集群，功能集群区由于主体众多、需求相似，所产生的“磁石效应”能够吸引一大批各种服务机构在周边分布。

从上面的分析我们可以得出两个结论：第一，总部经济作为一种重要的经济形态，它是产业集群发展的必然趋势，从产业集群的角度看，总部经济是企业总部在空间地理上由功能聚集所形成的一种聚集经济；第二，总部经济以总部基地为载体，以企业总部为聚集对象，引发外部经济效应，使得聚集的企业总部相互受益，从而带动整个区域经济的发展。总部集群效应是指聚集一定数量企业总部的城市将会吸引人才、金融、高端服务业等资源要素，从而改善企业总部的商务环境，加上总部企业之间可能存在的业务关系，从而吸引更多的企业总部落户，而更大规模的总部集群又会吸引更多的资源要素，形成一种良性循环。

第六章　总部经济的提出

中心城市在向国际化大都市演进的过程中，必然要面临城市经济结构转型的问题。随着传统制造业的梯度转移、老旧工厂的关闭，寻求经济增长的新动力引擎，实现城市产业升级和功能转型是保持城市持续发展和繁荣的关键。中国在现代化进程中，也不可避免地会遇到大城市经济结构转型的问题，而且这个问题已经成为北京、上海、广州等中心城市面临的一个重大战略问题。总部经济作为一种新的经济模式，能够为大城市实现经济转型和持续发展提供一种重要的战略选择途径。

北京市社会科学院研究员赵弘认为，“所谓总部经济，是指通过创造各种有利条件，吸引跨国公司和外埠大型企业集团总部入驻，形成企业总部在本区域集团布局，企业生产加工基地则通过各种其他形式安排在成本较低的周边地区或外地，从而形成合理的价值链分工的经济活动的总称”。作为企业总部在城市集聚的空间表现形式则是CBD，CBD高级化的最突出表现是跨国公司总部和金融机构在大都市CBD集聚。伦敦CBD提供了100多万个就业岗位，CBD办公建筑面积占英国总办公面积的50%左右。美国纽约华尔街在长仅0.54公里、面积不足1平方公里的金融区集中了几十家大银行、保险公司、交易所及上百家大公司总部和几十万的就业人口，成为世界就业密度最高的地区，这使得曼哈顿成为世界上著名的总部基地和金融中心（史忠良和沈红兵，2005）。

2007年，美国《财富》杂志最新公布的聚集世界500强企业重要国际城市排名中，北京以拥有18家世界500强企业，在全球城市排名中位居第四，仅次于东京、巴黎、纽约和伦敦（并列）（李焱，2008）。

迄今，国外知名公司在上海累计建立了151家跨国公司（地区）总部、149家投资性公司、195家外资研发中心。此外，随着我国金融市场的逐步开放，已有28家外资银行选择上海作为主报告行，同时还有340多家外资金融机构在沪设立分支机构。上海通过金融功能的提升，强化了对经济资源的市场配置和经济牵引力度，这为上海吸引更多跨国公司（地区）总部的入驻奠定了良好基础（徐冲，2008）。

我国高新技术产业开发区，从1991年至今已走过了10多年的发展历程，作为区域经济的发展“引擎”，主要发挥集聚资源以对所在区域产生辐射效应的功能。这种功能的发挥，使高新区成立初期利用政策优势，集聚了大量资源，得到快速发展。

在高新区的10多年发展历程中，高新区的经济增长主要是以量为主的粗放型增长。随着各类开发区数量的增加，开发区之间的竞争越来越激烈，各地的优惠政策逐渐趋同，利用优惠政策的优势逐渐削弱，高新区的经济增长受到了限制，急需寻找能够促进高新区经济持续高速增长的新途径。而一种新的区域经济发展模式——总部经济，其在本质上与高新区的功能、要求等具有较高的一致性，这就为高新区经济发展提供了一条新的选择路径。

西安高新区初步具备了将以西安为中心的中国西北地区作为发展腹地的“总部经济”发展条件。西安是中国西北地区的中心城市，对周边地区具有较强的市场辐射力，具备吸引腹地内的企业总部聚集的市场条件。创立10多年来，西安高新区以其优越的软硬件环境已吸引了周边地区众多企业总部的入驻，或者将其具有总部功能的研发、商务、客户服务与支持等环节迁入西安高新区。目前已迁入西安高新区的企业总部有以世纪金花股份公司、西安东盛集团有限公司为代表的民营企业，以及以彩虹显示器件股份有限公司、西安飞机国际航空制造股份有限公司、咸阳偏转股份有限公司、陕鼓动力股份有限公司为代表的国有转制或股改企业。而世界500强中的荷兰皇家飞利浦电子公司、IBM（国际商业机器公司）、英特尔（中国）有限公司等也基于西安突出的科技资源优势将其中国区具有部分总部功能的研发机构建立在西安高新区。可以预见，经济发展中的极化效应将使西安对腹地的吸引力不断增强，将会有更多的企业总部进驻西安高新区。

与发达地区高新区比较，西安高新区还有一定的差距。2007年北京中关村的工业总产值为4077.6亿元，上海张江高新区工业总产值为3107.21亿元，分别是西安高新区2007年工业总产值1177.7亿元的3.46倍和2.638倍（西安高新技术产业开发区管理委员会，2009b）。

根据北京社会科学院中国总部经济研究中心发布的《中国总部经济蓝皮书》中的评价结果，2007年西安综合能力排名第17位，其中研发能力全国排名第4位。其他各项排名如下：经济实力第20位、社会基础第34位、人口与就业第29

位、金融保险第 16 位、专业咨询第 14 位、区域开放第 14 位、国际开放第 18 位（赵弘，2007）。

研发能力的排名说明西安的知识创新能力是突出的。金融保险排名第 16 位，而金融保险业对经济发展尤其是西安高新区的发展至关重要，发展金融服务就显得尤为迫切。因此，本书重点强调了西安高新区在发展总部经济过程中，知识创新和金融服务的重要性。同时，发展总部经济可以利用西安人才资源和研发投入的优势，提高科技成果产出，进而提升城市的经济实力，改善社会基础条件，增加就业，并促进金融保险和专业咨询业的发展，也能够提高城市的区域开放和国际开放程度。

2005 年 6 月 17 日，国务院总理温家宝视察中关村科技园区时明确指示，要用 5～10 年甚至更长的时间，将北京、上海、深圳、西安、武汉等地的高新区建设成为世界一流的高技术园区，为提高我国的自主创新能力和综合国力做出重大贡献。2007 年 8 月 26 日，西安市委、市政府出台了《关于把西安高新区建设成为世界一流科技园区的若干意见》，准备举全市之力把西安高新区建设成为世界一流科技园区，而总部经济的发展为西安高新区提供了新的选择途径。

《西安高新技术产业开发区经济和社会发展“十一五”规划纲要》中指出，“加快中央商务区的建设，打造中国中西部地区最具发展活力和现代化特征的金融中心、商务中心和企业总部基地。面向西安都市圈，突出西安在新欧亚大陆桥中国段的区位优势，抓住中国开放现代服务业的机遇，积极吸引金融机构地区总部、中介机构地区总部、跨国公司地区总部、企业集团总部、上市公司总部、国际会展中心、国际酒店、现代服务、现代商业等企业入区。吸纳一批国内外银行、投资、保险、证券等金融机构和著名律师、会计、咨询、信息等中介服务机构进入；吸引有关国家商会及其跨国公司设立办事处；吸引一批国内外贸易、通讯、物流公司等服务机构入住”。

现任陕西省副省长，西安高新区原党工委书记、原管委会主任景俊海在谈到高新区今后的发展思路时也指出：“发展科技、创意产业和总部经济，用国际化、市场化推动科技成果的商品化、产业化。”随着西安高新区二次创业的实施，越来越多的国内外知名企业把目光聚焦在西安高新区，这为西安高新区发展总部经济提供了很好的契机。

在西安高新区总部经济发展过程中，西安高新区的发展与建设为企业总部的落户提供了可以依托的平台，广泛吸引著名跨国公司、国内著名企业集团来园区设立区域总部、研发中心、运营中心、采购中心等。总部经济作为一种新的经济形态，能很好地促进西安高新区“二次创业”成功实现。发展总部经济这一契机，对实现西安高新区“二次创业”期间的快速发展具有重要的理论意义和现实意义。

第七章　西安高新区总部经济发展总体状况分析

第一节　西安高新区发展的总体情况

西安高新区创建于1988年5月，1991年3月被国务院批准为国家级高新区。西安高新区位于西安的西南部，紧邻西安科教文化区，南接著名的秦岭，西安南三环和绕城高速贯通其中，交通便利。园区规划面积48平方公里，现完成开发配套面积35平方公里。

自1994年以来，西安高新区因其快速发展多次获评为“国家先进高新技术产业开发区”，各项指标在全国53个国家级高新区中始终位列前茅。1997年进入APEC（亚太经济合作组织）科技工业园区网络组织，2002年经联合国工业发展组织考察与评定，被评为“中国最具活力的城市和地区”，2005年被评为国家知识产权保护示范区和全国首家高新技术产业标准化示范区，同年6月，经温家宝总理批示，被定为全国首批建设的世界一流科技园区之一。

经过18年的建设与发展，西安高新区已成为我国中西部地区环境优美、商务繁荣、创新活跃、科技产业蓬勃发展的区域，是西安最具现代化、国际化特色的区域和最大的经济增长点，其创新能力、发展速度、经济规模居全国高新区前列，已经成为运行机制先进高效、技术创新体系日趋完备、高新技术产业集群特征明显、园区发展环境不断优化、资源集聚能力日益增强的全国先进高新区。

一、西安高新区经济规模情况

西安高新区的主要经济指标情况如表7-1所示。经过1991～2003年“一次创业”和2003～2007年“二次创业”五年的发展，西安高新区的经济规模已经迈上了新台阶。从2003年起，西安高新区开始“二次创业”，围绕电子信息、装备制造、生物医药、新材料四大主导产业发展的高新技术产业集群效益逐步显现，主要经济指标连续五年实现30％以上的增速。2006年，西安高新区企业实现营业收入1355.9亿元，同比增长30.13％；实现工业总产值870.43亿元，同比增长30.8％；2007年完成的固定资产投资、财政收入分别是“一次创业”12年总和的2倍和1倍。2007年，西安高新区在册企业实现营业收入1887.50亿元，实现工业总产值1316.32亿元（西安高新技术产业开发区管理委员会，2008b）。

表 7-1　西安高新区经济指标

指标名称	工业增加值/亿元	工业总产值/亿元	营业收入/亿元	出口创汇/亿美元	净利润/亿元	上交税额/亿元	固定资产投资/亿元
指标值	422.35	1 316.32	1 887.50	9.97	108.13	139.42	163.6
年增长率/％	44.36	37.45	36.78	58.90	66.18	54.36	19.40

资料来源：西安高新技术产业开发区管理委员会，2008b。

二、西安高新区产业发展现状

在2007年，西安高新区提出了“产业发展年”的主题。园区大力促进主导产业的发展，使得以电子信息、装备制造、生物医药、新材料为主的高新技术产业集群效益逐步显现（表7-2）。2007年四大主导产业实现营业收入1416.41亿元，同比增长32.19％。具有行业影响力的企业聚集速度明显加快，2007年全年新增服务外包企业70家，软件及服务外包企业总数达到630家，实现总收入155亿元，“西安外包”的品牌效应逐步显现（西安高新技术产业开发区管理委员会，2008b）。

表 7-2　电子信息产业聚集现状

项目	集成电路	电子信息通信设备	软件
产业情况	西安高新区是全国第二个国家集成电路设计产业化基地，全国七大集成电路设计基地之一。2006年，西安高新区集成电路相关企业共实现营业收入17.3亿元，相关企事业单位84家	西安高新区内通信设备制造链条已初步形成。从传输设备、交换设备、移动设备到终端设备，高新区都有企业分布。截至2006年年底，西安高新区共有通信设备制造、工程施工、设备销售和研发机构102家，从业人员1.7万人	西安高新区的西安软件园为国内外企业搭建了优质高效的服务平台。园区目前注册从事软件开发、系统集成、网络工程、工业控制等研发的科研开发机构有3000多家，海内外软件和服务外包企业约有600家，从业人员近5万人

续表

项目	集成电路	电子信息通信设备	软件
主要企业	西安高新区集成电路产业主要分为三部分：IC（集成电路）设计业，以英飞凌科技公司、西安深亚电子有限公司、西安亚同集成电路技术有限公司等为代表；芯片制造业，以西岳电子技术有限公司、西安卫光半导体有限公司等为代表；封装测试业，以美光半导体有限责任公司、西安爱尔半导体制造有限公司等为代表	通信设备产业聚集了大唐电信科技股份有限公司、海天天线科技股份有限公司、嘉载通信设备有限公司、西电捷通无线网络通信有限公司、华为技术有限公司、中兴通讯股份有限公司等 80 多家企业。电子元器件产业聚集了西京电气总公司、创联电器有限公司、富士达科技有限公司、科耐特科技有限公司、彩虹显示器件股份有限公司、康鸿电子有限公司、瑞联近代电子材料有限责任公司、天和集团等 40 多家企业	全球最大的企业软件和信息管理软件服务供应商美国 Oracle（甲骨文）公司，以及未来国际信息股份有限公司、博通咨询有限公司、西安葡萄城信息技术有限公司等重点软件企业

2007 年四大主导产业的情况如图 7-1 所示：电子信息产业出现加速发展的态势，实现营业收入 310.47 亿元，同比增长 23.39％。科耐特科技有限公司、华晶电子技术股份有限公司、华山半导体材料有限公司等一大批中小型科技企业保持快速发展，全年收入增速超过 50％。装备制造产业在电力设备、汽车、仪器仪表等产业快速发展的带动下，实现营业收入 563.89 亿元，同比增长 64.62％，其聚集现状如表 7-3 所示。国内外市场需求旺盛，新材料产业受到拉动，实现营业收入 432.07 亿元，同比增长 28.44％。生物医药产业实现营业收入 109.98 亿元，同比下降 21.96％（表 7-4）（西安高新技术产业开发区管理委员会，2008b）。

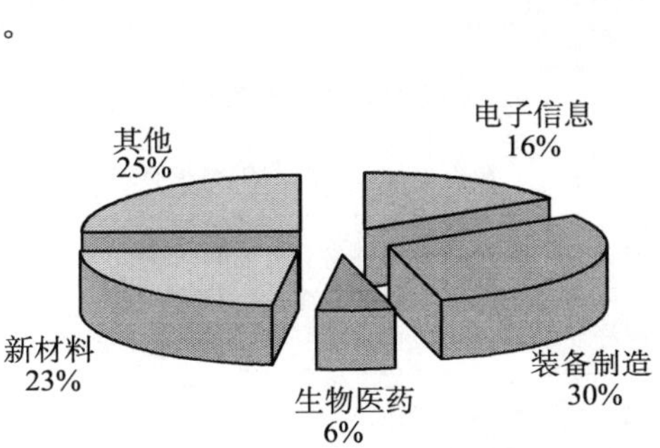

图 7-1 西安高新区主导产业比例

表 7-3 装备制造产业聚集现状

项目	装备制造		
	汽车零部件及专用汽车制造	电力电子设备制造	专用通用设备制造
产业情况	西安高新区是西部汽车生产基地的核心区，区内现有各种汽车及其零部件制造企业50多家。其中，整车制造企业7家，汽车零部件企业30多家，包括汽车电子类企业20多家，底盘等零部件及其他通用件企业10多家，已初步形成了包括汽车零部件加工、总成制造、整车装配制造、汽车销售及后期服务等在内的链条较为完整的产业集群	西安高新区电子及电力设备企业100多家，其中电力设备制造企业60多家，2006年产业共实现总产值54.54亿元，从业人员约1.13万人。目前，该产业中高端产品较少，低端产品众多。产业链尚不完整，产业集聚效应尚未显现。由于与高校和科研院所的合作，在一些技术领域有领先优势	西安高新区在该产业已形成了以骨干企业为基础，以核心技术为依托，以检测系统、制冷设备、能源技术、仪器仪表制造等为重点的产业发展格局
主要企业	以陕西汽车集团有限责任公司（陕汽集团）、比亚迪股份有限公司、陕西法士特汽车传动集团公司、陕西欧舒特汽车股份有限公司、德国联合汽车电子有限公司等企业为龙头的多家企业	以中国西电集团公司和西安银河电力电子通讯有限责任公司为龙头的多家企业	以陕西鼓风机（集团）有限公司、西安标准工业股份有限公司、西安庆安冷机有限公司为代表的企业

表 7-4 其他产业聚集现状

项目	生物医药	新材料	其他
产业情况	西安高新区共有生物医药企业214家，从事化学原料与制剂制造、中药材料加工与中成药制造、生物制品等业务。拥有从业人员2.8万人	西安高新区内建有国家级新材料产业基地，产业包括有色金属材料、非金属材料、高分子材料和新能源项目等	西安高新区以数字内容、现代传媒、建筑设计、咨询策划为主要内容的创意产业发展迅猛；金融、中介、餐饮、文化娱乐等服务业聚集速度加快，区域配套环境更加成熟
主要企业	以西安天诚医药生物工程公司和西安皓天生物工程技术有限责任公司为代表的天然植物提取与制品企业，以东盛集团有限公司、西安海欣制药有限公司为代表的化学原料与制剂企业，以陕西西大北美基因股份有限公司、陕西超英实业集团为代表的生物芯片和生物诊断技术等优势企业	以西部金属材料股份有限公司、金堆城钼业集团有限公司、陕西有色金属控股集团有限责任公司等为代表的有色金属材料企业，以西工大陶瓷基复合材料等为代表的非金属材料企业，以开米股份有限公司、瑞联液晶材料等为代表的高分子材料企业，以中石油测井有限公司、通源石油科技股份有限公司、石油管材研究所、龙图科技有限公司、海洋洁净技术工程有限公司、联合超滤净化设备有限公司等企业和单位为代表的能源技术、光伏技术企业等	以中国人民银行、中国工商银行、证监会等为代表的金融机构聚集区；购物中心在科技路周边形成了以世纪金花购物中心、金鹰国际购物中心、新纪元俱乐部、香格里拉酒店、太子轩金帝、名贵国际俱乐部等知名企业构成的商贸、餐饮聚集区

三、西安高新区对西安城市发展的贡献

西安高新区被誉为西安城市骄傲、西安第一名片、西安 20 世纪十大历史事件之一和“关中第九景”，代表西安率先走向国际化、市场化、人文化、生态化的道路。“十五”期间，西安高新区主要经济指标年均增长 30%，期末区内 GDP 占全市的比重为 21.3%，平均拉动西安经济增长 4.5 个百分点以上。2006 年西安高新区实现工业总产值 870 亿元，占全市工业总产值的 71.63%，同年西安高新区生产总值占西安的比重达到 26.2%。2006 年西安高新区的 GDP 为 380.2 亿元，位居各国家高新区生产总值排名的第七位。2007 年，西安地区 GDP 为1737.1亿元，而西安高新区全年 GDP 约为 450 亿元。西安高新区对西安经济总值的贡献率超过了 1/4，对西安经济增长的拉动作用进一步加大。它已经成为西安最具现代化特征、国际化特征的科技新城和重要的经济增长极，是推动西安地区经济发展，提升综合竞争能力的重要依托（西安高新区管理委员会，2008c）。

第二节 西安高新区总部经济发展的现状

一、西安高新区总部经济的发展水平

根据北京社会科学院中国总部经济研究中心发布的《中国总部经济蓝皮书》，一个城市的总部经济发展能力评价指标体系应由 6 个一级指标、15 个二级指标和 44 个三级指标构成。根据上述指标对西安的总部经济发展能力进行评价，可以得出如表 7-5 的得分、排名情况。从评价结果来看，2007 年西安的综合排名处于第 17 位，其中基础条件居第 27 位、商务设施居第 15 位、研发能力居第 4 位、专业服务居第 15 位、政府服务居第 25 位、开放程度居第 16 位。

表 7-5 西安总部经济发展能力排名（35 个主要城市）

评价指标	得分		排名		评价指标	得分		排名	
	2006 年	2007 年	2006 年	2007 年		2006 年	2007 年	2006 年	2007 年
综合能力	46.70	43.39	16	17	商务设施	44.97	44.80	14	15
基础条件	40.18	36.92	25	27	商务基本设施		38.51		22
经济实力	42.52	40.67	18	20	信息基础设施		51.09		12

续表

评价指标	得分		排名		评价指标	得分		排名	
	2006年	2007年	2006年	2007年		2006年	2007年	2006年	2007年
交通条件	52.58	—	10	—					
基础设施	—	36.22	—	23	专业服务	46.40	42.11	15	15
社会基础	24.19	27.02	34	34	金融保险	42.95	41.72	15	16
人口与就业	—	35.83	—	29	专业咨询	49.86	42.49	11	14
环境质量	22.02	34.32	29	29					
研发能力	62.33	66.32	4	4	政府服务	58.96	28.00	14	25
人才资源	65.66	69.94	6	3	开放程度	31.60	41.06	31	16
研发投入	79.97	80.76	3	3	区域开放	27.96	46.10	32	14
科技成果	38.03	44.64	19	14	国际开放	35.24	36.01	21	18

资料来源：赵弘，2007

在上述全国35个主要城市总部经济发展能力排名中，西安与宁波、大连、沈阳、重庆等13个城市同属于第三能级城市。该类城市发展总部经济的综合实力一般，分项发展能力也大部分处于平均水平。该能级城市适合吸引国内企业集团的区域性总部，发展总部经济。这一区域总部与第二能级城市的大区域总部相对应，比大区域范围要小但大于省级范围。西安是西部地区的核心城市，是西部重要的经济、文化、教育、科研中心，是西部重要的交通枢纽，传统商业文化氛围浓厚，服务业发展迅速，金融业较为发达，对周边地区的辐射和示范作用明显，应重点发展跨国公司总部及国内大型企业集团的中西部地区总部。

西安总部经济发展能力的各分项发展很不均衡。发展能力最强项与最弱项之间的差距高达38.32。从综合能力和基础条件的排名看，相对于综合能力，西安基础条件相对落后。从雷达图（图7-2）可以看到，西安高新区在除研发能力的其他各项能力上均表现平均，只有研发能力有突出的表现。西安的研发能力在全国排名第四位，仅次于北京、上海、深圳。因此，西安在发展总部经济的实践中应注重各分项能力的协调发展，在发挥分项优势的同时，加强薄弱环节的发展。西安要发展总部经济，必须要“取长补短”，一方面，注重基础条件的改善，弥补根基上的缺陷；另一方面，注重借助科技、研发及科技园的优良条件等优势，打造基于高新技术的总部经济。

西安高新区的发展走在西安发展的最前面，是西安发展总部经济的一个最优选择。西安高新区按照协作配套、优势互补、共同发展的原则，以“率先发展关中、构建和谐陕西”为目标，从领导互动、人才互动、招商互动、产业互动、融资互动、宣传互动、交通互动等几个方面，与周边区域进行战略合作。

同时，西安高新区是西安高新技术产业的聚集区，拥有大量科技企业，区内

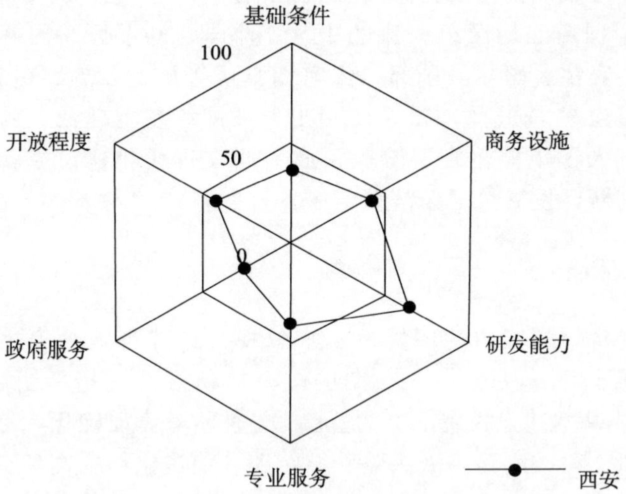

图 7-2 西安总部经济分项发展能力雷达图

已形成前述的多个以科技为依托的产业集群。高新区的特殊政策又使其在税收、研发投入和科技成果转化等方面具有当然的优势。因此，西安高新区已经具备了一定的总部经济发展规模。据不完全统计，西安高新区已有1000多家企业把生产基地放在周边区域，陕西约有 10 000 家企业为区内企业提供产品配套。

二、西安高新区总部经济发展的基础情况

从基础条件看：在经济实力方面，从前面的说明已经可以看到，西安高新区在地区 GDP、人均地区 GDP、财政收入、固定资产投资等几个方面均高于西安平均水平，绝对地走在西安市发展的前列。第三产业目前虽然总量还不大，但从结构上看多属于高端，更有利于发展总部经济。在交通条件方面，高新区的道路基础设施建设是西安这些年发展的典范。在社会基础方面，西安高新区位于西安的西南方向，临近高校密集区和大学城。西安著名的地产，如紫薇地产和高科地产等在高新区建有大量的示范住宅区。

（一）基础设施

在政府未投入建设资金的情况下，西安高新区按照“政策扶持、贷款起步、负债经营、滚动发展”的开发模式，累计开工面积 724 万平方米，竣工 454 万平方米。截至 2007 年年底，西安高新区集中新建区规划面积34 200平方米，已建成12 000平方米，投入基本建设资金 114 亿元（西安高新技术产业开发区管理委

员会，2008b)，建成了高标准的路网、通信、供水、供电、供气等公用设施。西安高新区建有中国西北地区第一流的中学、小学、幼儿园、国际学校，以及公园、高尔夫园、宾馆、国际俱乐部、住宅别墅区等配套设施，绿化总面积 91 万平方米，绿化覆盖率达 36%，园区1000兆光纤网络基本建成。西安高新区在园区开发建设上进入了规模化发展阶段，成为西安现代化建设成就的一个重要指标，也为西安高新区发展总部经济奠定了良好的基础。

（二）园区环境

打造总部经济，园区内的环境也不容忽视，2007 年，西安高新区重点加快新区的市政配套，继续完善一、二期的配套，积极开展拓展园区的规划建设。2007 年全年完成基本建设投资 9.25 亿元，交通环境更加优化，打通了唐延路北段、高新路南段、科技六路等断头路和窄幅路，使进出西安高新区更加便捷；积极推进区域供热中心的建设；污水处理厂完成了主要建筑物的基础工程；加强园区的环卫与绿化，逐步完成了相关体制改革和机制转换工作；增加了报刊亭及小型商业零售点，为市民提供更加方便的服务；积极推行节约型、环保型发展模式，更多地利用可再生能源资源，在区内建筑物、社区、照明及其他设施上大力推行太阳能的利用，顺利通过了 ISO14000 国家环保示范区的复审。

（三）政府服务与开放程度

西安高新区是由政府主导发展而成的高新科技园区，因此政府的作用在高新区的发展过程中举足轻重，而且这种趋势还将延续。经过 18 年发展，西安高新区管委会已经形成一套独具特色的管理模式和公共服务体系，形成了系统化的政策。在产业扶持方面，西安高新区遵循高新科技产业发展规律，积极围绕本地科技人才资源和产业特色，通过财政补贴、税收优惠、银企对接、人才供应、政府采购等措施，为龙头企业提供配套完善的产业链，建设高新技术产业集群，促使高新区的技术创新能力不断提高。西安高新区财政每年设立 3 亿元产业发展扶持基金，并有“青年科技人才创业基金”、“留学人员创业基金”、“院士创业基金”等多种基金，作为扶持科技人员创业的“种子基金”（证时，2006）。在招商引资方面，西安高新区为了实施好二次创业战略，加大了吸引国际国内科技产业资源的力度，先后两次进行招商体制的创新，充实了招商队伍。西安高新区按照区域化和专业化进行了分工，制定了一系列的招商引资政策，设立了北京、上海和美国硅谷三个驻外办事处，形成了以招商局和专业园区为主体，委托招商、中介招商、以商引商的多元化招商引资格局。2007 年西安高新区全年审批新设外商投资企业 67 家，实际引进外资 3.617 亿美元，其中外资合同额 667 万美元以上（折5000万元人民币）大项目 11 个，合同外资合计 2.49 亿美元。引进外地资金 110.26 亿元，其中注册资本5000万元以上大项目 22 个，注册资本合计 83.12 亿元（西安高新区管理委员会，2008c）。西安高新区拥有一个良好的政策环境对发展西安总部经济是有利的，能够吸引更多的企业总部入驻西安高新区。

（四）服务环境

西安高新区要发展总部经济，其周围的服务环境也是很重要的，为了鼓励区内中介服务集体的建设，西安高新区对区内提供创业、技术、中介服务等的企业或机构实施了税收减免、房租补贴、人员安置便利等政策。到 2005 年年底，西安高新区内已形成创业服务中心、国家级西安交通大学科技产业园、国家级软件园、国家级留学人员创业中心、光电子产业园、生物医药园等 20 个专业园区，建立了 200 多家投资公司及包括律师事务所、会计事务所、资产评估机构在内的相关服务机构，西安高新区的专业化中介服务水平明显提高。对于入驻的跨国公司和国内企业而言，东道国及当地的服务环境是其选择总部入驻的重要因素。

第三节　西安高新区总部经济发展的模式

一、西安高新区总部经济形成的途径

（一）区内企业扩张形成的企业总部

西安高新区在不同历史时期发展起来的重点企业尤其是高新技术领域的重点企业，具有相当的基础实力和竞争优势，特别是 2005 年以来，部分重点企业积极抢占市场，加快发展，不失时机地向外扩张，从而成长为跨区域经营的企业，为发展西安高新区的总部经济做出了很大贡献。这些企业通过规模扩张，构成了研发设计总部在西安高新区，子公司或生产制造基地不断向区外、省外延伸的比较典型的企业总部形态。例如，西安东盛集团，该集团在黑龙江、山东、青海等地建有生产基地，销售网络遍布全国各地，但其始终将西安高新区作为其发展的总部。再如西安开米集团，该集团在高新区取得长足发展后，在全国建立了 7 个区数 10 家分公司，向外辐射。

（二）区外企业迁入形成的企业总部

区外部分企业基于企业战略发展需要，将企业总部从迁入西安高新区，成为西安高新区总部经济发展的新生力量。例如，西安银桥生物科技有限责任公司原为西安临潼区企业，其乳品制造基地也在临潼地区；再如陕西鼓风机（集团）有限公司在西安高新区建立了陕鼓科技产业园，其集团总部、研发中心及高端产业基地将陆续入驻园内。

（三）区外企业新建形成的企业总部

自2005年以来，部分企业基于西安高新区的区位优势、功能优势和产业优势等，积极到西安高新区设立总部，特别是设立企业研发中心，在促进济西安高新区总部经济的发展中发挥了重要作用。

二、西安高新区总部聚集的模式

（一）高新技术企业总部和研发总部聚集地

在前面西安高新区发展情况介绍中可以看到，高新技术企业已经在四大主导产业中形成了8个产业集群，它们分别是集成电路产业集群、通信设备产业集群、软件产业集群、电子元器件产业集群、光机电一体化设备产业集群、汽车整车及零部件产业集群、生物医药产业集群和新材料产业集群。在这些产业集聚的基础上，西安高新区形成了特色产业聚集园区，它们分别是创业园发展中心、西安软件园、电子工业园、新型工业园、西安出口加工区B区等。西安高新区现已成为西部乃至全国高新技术企业发展的标志和象征。

2007年，西安高新区已累计成立注册各类企业8681家，其中经认定的高新技术企业1062家。西安高新区已有来自美国、日本、德国、新加坡、中国香港、中国台湾等29个国家和地区的企业创办外商投资企业近千家，外资项目90%以上集中在高新技术领域，从事研发的人员已经超过5万多名。

（二）高新区商务功能聚集

2007年8月10日，中国人民银行西安分行搬迁到西安高新区办公；2007年8月14日，中国人寿保险股份有限公司陕西省分公司入驻西安高新区。众多金融机构的进入为西安高新区的发展奠定了良好的金融基础。

截至2007年年底，已有20多家区域性金融机构总部和分支机构，以及200

多家风险投资机构和190多家中介服务机构入驻西安高新区。据不完全统计，“二次创业”以来，各金融机构每年对西安高新区企业的贷款总额都保持在100亿元左右。

（三）商务聚集的CBD区

西安高新区第三产业也在逐步发展。中介、餐饮、文化娱乐等服务业企业聚集速度加快，区域配套环境成熟。在科技路周边形成了以金花企业股份有限公司、金鹰商贸集团、香格里拉酒店集团、名贵国际俱乐部等知名企业构成的商贸、餐饮聚集区。

三、西安高新区总部经济发展的模式

西安高新区已然成为全球跨国公司、国内企业集团总部的聚集之地。截至2007年年底，西安高新区已拥有世界500强和著名的跨国公司50多家，外商投资总额超过21亿美元。美国美光科技有限公司、美国应用材料有限公司、德国英飞凌科技有限公司、荷兰皇家飞利浦电子公司、日本电器股份有限公司、美国国际商业机器公司等50多家世界500强及著名跨国公司已在西安高新区投资、设立地区总部或研发中心。

西安高新区除聚集了众多经济总部之外，还聚集了大量非经济总部。这更能体现西安作为中心城市的特点，西安总部的内涵也从跨国公司延伸到国内大企业集团，从外资企业延伸到国有企业、民营企业，从生产制造领域延伸到了以金融业为主的服务领域。

西安高新区的总部经济发展有着自己的特点和独特优势，即“高新技术企业总部和研发总部聚集”。从上述西安高新区已形成的总部聚集看，西安高新区的总部经济发展为以“中国（西安）高新技术企业总部和研发总部聚集区”为主体和特色，“中国（西安）金融商务聚集区”配套发展的模式。

据2007年年初联合国公布的《2006年世界创新报告》，在未来的3年中，全球跨国公司3/4以上的研发机构（研发中心、解决方案中心、研发公司等）将落户在中国和印度。这正是西安高新区发挥自己特色，承接跨国公司总部转移的机遇。西安高新区提出“打造中国科技中心，建设西部产业高地”的宏伟目标，即要用10年时间，以高新技术为载体，把西安打造成我国的科技中心和中西部地区现代制造业的核心聚集区域。西安已经有了良好的产业基础，总部经济发展也呈现出良好的趋势。

无论如何，西安是西部地区的核心城市，是西部重要的经济、文化、教育、科研中心，是西部重要的交通枢纽，传统商业文化氛围浓厚，服务业发展迅速，金融业较为发达，对周边地区的辐射和示范作用明显。特别是新欧亚大陆桥开通后将会给西安带来很大的贸易优势。东起我国连云港的新欧亚大陆桥，横穿西部，直至荷兰的鹿特丹，全长共1.09万公里，其中，4331公里在我国境内，连接东、中、西部，80%穿过西部，成为我国北方货物通往中亚、西亚、欧洲最便捷的通道。由于节省了运费和运输时间，从而大大降低了出口货物的交易成本，特别有利于西部地区在低成本条件下有效地参与国际分工和国际贸易。西安作为新欧亚大陆桥西部段综合实力最强的中心城市，有可能成为我国向中亚、西亚出口消费品和高新技术产品的重要阵地，这为西安高新区发展总部经济带来了极大优势。

第四节　西安高新区产业发展与总部经济的耦合研究

一、对西安高新区产业发展与总部经济的耦合关系的理解

耦合是指两个或两个以上的系统或运动方式之间通过各种相互作用而彼此影响以至联合起来的现象，是在各子系统间的良性互动下，相互依赖、相互协调、相互促进的动态关联关系（张婷，2006）。在社会科学领域中，也可以把两种社会现象通过某种条件，使两者有机结合起来发挥作用的客观事物，称为耦合。类似地，可以把通过西安高新区区域发展与总部经济发展这两个系统各自的耦合子系统，产生相互作用彼此影响的现象称为西安高新区区域发展-总部经济发展的耦合。

二、总部经济发展提升高新区区域发展的机理分析

西安高新区区域发展与总部经济发展在实际经济发展运作过程中，体现出一种互惠互利的联动关系。这主要表现在：对于总部企业而言，企业在原生产基地之外的西安高新区设立总部，可以减小公司总部的职能范围，从而把主要精力放在战略规划、财政等重要职能上，并对各种职能进行全面的总体协调。大量的总部在西安高新区集聚，就会产生外部的规模经济和范围经济，最终降低企业的运营成本。由此为发端，由于追求外部规模经济，企业总部在西安高新区持续集中，可以共享当地的辅助设施、基础设施与服务、高端的人力资源供给等，这样带来的成本节约，会进一步增加总部公司的竞争优势。

另一方面，对于西安高新区而言，企业总部在扩张过程中，将触角深入各个

不同的区域当中，采用更灵活的生产组织形式，优化了企业价值链的形成，促进西安高新区区域经济进一步发展，并且利用企业群彼此的分工协作，形成有效的产业链配置。因此，从系统论的观点来看，如果假设西安高新区和企业总部两者构成了系统，那么，由于这一系统内各要素之间的相互关联和相互作用能够形成一种系统的合力，所以这种合力往往大于各要素或子系统的简单相加之和，实现“1+1>2”的效果。

从总部组织运行条件来看，总部企业的关联产业如图 7-3 所示。

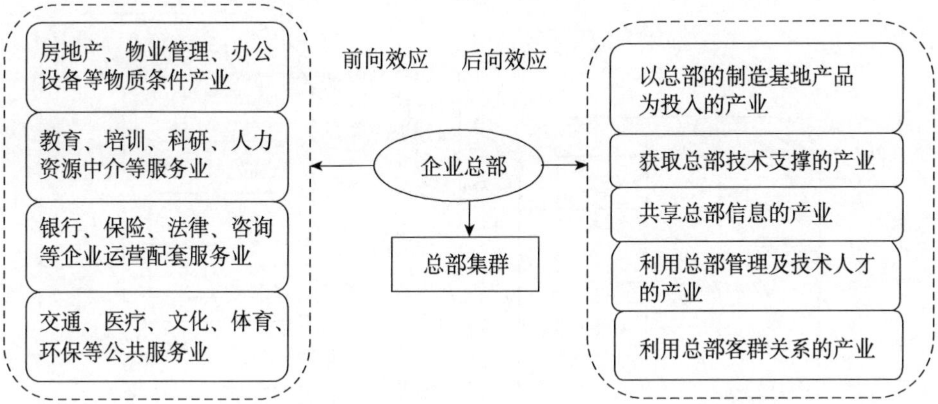

图 7-3 总部企业的关联产业

由此可见，企业总部对各种产业的专业化需求促进了关联产业的发展；同时，总部技术、信息、文化等的溢出效应及总部的知名度、市场拓展能力都将使外围关联产业从中受益。总部经济的发展不仅带动了高新区相关制造业的发展，而且对服务业特别是创新型服务业的发展更具有重要作用。具体来讲，围绕企业总部，将形成较为完整的创新型服务业体系：①专业中介服务业，主要包括法律服务、会计服务与咨询服务等；②文化传媒业，主要包括设计业、传媒业、广告业和出版业等；③会展与机构服务业，主要包括国内外机构服务、会展服务和政府服务等；④现代金融服务业，主要包括风险投资、银行业、保险业、信托业和证券咨询业等；⑤研发与技术服务业，主要包括技术服务、科研服务和测试服务等；⑥教育培训业，主要包括培训服务、高等教育和民办教育等；⑦医疗保健业，主要包括保健服务和医疗服务等。西安高新区以总部经济的发展促进创新型服务业的发展，进而有助于区域的产业结构实现以制造业为重心向以服务业为重心的转变，最终实现区域产业结构的高端化发展。

三、西安高新区产业发展与总部聚集的耦合机理的系统构建

从西安高新区发展总部经济的现状来看，总部经济与西安高新区区域经济表现出以下几点关系（图 7-4）。

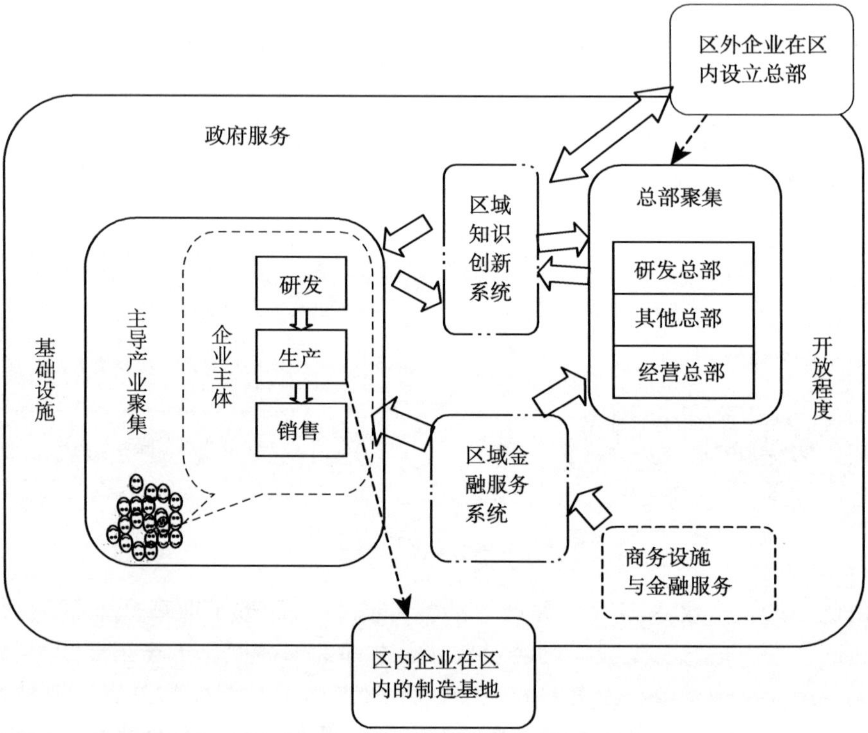

图 7-4 西安高新区产业发展与总部聚集的耦合机理

（一）总部经济发展与区域优势产业发展的相互关系

在西安高新区，总部经济优先发展自身具有特色和竞争优势的产业，即以电子信息、装备制造、生物医药、新材料为主，而这些产业里的企业总部在空间聚集形成本地化的产业氛围和产业综合竞争力，这是其他区域很难模仿的。而这些具有区域优势的总部经济的发展对区域经济的贡献往往具有乘数效应。总部经济将强化这些特色和竞争优势产业，而随着这些优势产业的发展，产业的总部经济不断强化，总部经济效应也会越来越强。

（二）总部经济发展同整合区域资源的相互关系

西安高新区总部经济的发展将这些区域内的软、硬资源整合、优化，创造出

更多的社会财富。总部经济除了积极利用西安高新区本地资源如基础设施、信息资源等之外，更注重外部资源、外部市场的为其所用，积极寻求外来资本、技术、管理经验，积极开发外部市场，扩大区域经济影响力的磁力和覆盖面，形成区域动态的竞争优势。总部经济中的外资在向本土转移的同时，必然会带动区域内外的新企业在本土繁殖和成长，从而依赖本土区域经济发展（王皓，2007）。

公司总部经济与其生产制造基地等其他经济组织间的空间成本通过发达信息网络与便捷信息通道的建立可以大大降低，如在中国香港、美国纽约、日本东京等全球性城市聚集了大量的跨国公司总部，其根源就在于便利与快捷的信息和沟通渠道。由此可见，总部经济的形成与发展和信息渠道的快捷与通畅（即信息业）具有极大的相互作用关系，二者相互促进相互发展，最终形成了总部经济与区域信息源的耦合。

（三）总部经济发展与区域经济开放程度的相互关系

开放经济亦与总部经济的形成存在着内在的耦合关系。经济的开放性已成为总部经济发展的必要条件，其开放程度越高，总部经济越发达。反过来，总部经济的发展亦能促进区域经济的开放，二者相辅相成，相互促进。西安的经济开放程度有待提高，这将影响西安高新区总部经济的发展。

（四）总部经济发展与区域知识创新和金融服务的相互关系

创新带来的超额利润将刺激企业强化自身的学习与创新。在西安高新区内，企业总部的高度聚集，有助于企业快速掌握市场需求和信息技术的变化，有助于企业开展联合创新，加速成果的吸收与扩散，最终实现整个总部经济群体创造力的提升。这些优势使得总部企业成为区域发展的创新主体和中坚力量。

总部经济是在一定金融服务基础上形成的，但随着西安高新区总部经济的发展，众多企业总部对高新区金融服务又提出了新的要求，作为一种外因推动高新区金融服务的发展，而西安高新区金融服务的大力发展也将进一步推进西安高新区总部经济的发展。在此意义上，总部经济与西安高新区的金融服务产生了协同关系。

而金融服务自始至终都是影响西安高新区总部经济发展的关键因素。只有金融服务发达、集中，才能对其他金融机构、中介机构、总部形成较为强大的吸引力，才能形成合力推动金融业及其他相关产业的迅速发展、聚集，从而进一步促进总部经济和西安高新区区域经济的发展。

综合西安高新区发展和总部经济发展的各影响因素，集中体现在图 7- 4 中。在这个体系中，本书提取了西安高新区区域发展和总部经济发展耦合的两个关键性路径，即知识创新和金融服务进行专门的研究，进而深入分析如何通过知识创新子系统和金融服务子系统促进高新区总部经济发展的协同关系。

第五节 区域知识创新和金融服务与总部经济发展的协同关系

一、区域知识创新与总部经济发展的协同关系

区域知识创新关系主要表现为区域基础环境与社会资本效应的协同关系。企业总部入驻西安高新区的目的在于获取西安高新区的人才、技术、市场、资金等战略资源，西安高新区政府所提供的优惠政策，西安高新区良好的文化氛围及社会资本。而西安高新区知识创新能力提高的关键也在于其社会资本所提供的知识溢出效应及西安高新区基础环境所供给的知识存量。更重要的是，不管是西安高新区总部经济发展还是区域知识创新，都是企业的创新行为。总部经济的发展，汇聚了大量的企业总部，带动了知识密集型服务业的发展，这就增加了西安高新区的区域知识存量，为西安高新区知识创新能力的提升奠定了基础。区域知识创新能力的提高，也就是企业知识创新能力的提升，从企业发展角度来说，这是每个企业的奋斗目标。因此，这种创新协同的实现是区域发展遵循自组织理论的一种协同过程（解学梅和曾赛星，2008）。

（一）总部经济的发展促进了西安高新区知识创新

总部企业的发展对西安高新区知识创新的促进作用主要表现在以下几个方面。

1. 西安高新区知识存量的增加，会进一步地促进知识、信息的学习与扩散

总部经济最突出的特征就是智力资本密集，涵盖了企业价值链中知识含量的最高区段，如企业的战略规划、营销、资本运作、研发等。总部所在之处，将汇集资金、信息、营运、管理、人才、服务等多种资源于一体，形成多功能的经济中心，大量人才、信息与知识的汇集，不仅丰富了知识的溢出源，还增加了本地的知识存量。

2. 总部企业集聚产生了西安高新区内的社会资本效应

Giddens（1984）认为近邻的区域中企业间日常生产中的相互联系不断发生，社会交互过程被不断重复，这促成了地方黏性的形成。这种地方黏性与近邻的存

在促使了企业间相互学习、相互促进的产生。反过来，这种学习与促进又增加了企业间的黏性与接触，而不同企业间的人员流动也在一定程度上加速了此过程，这对区域内的外溢效应将产生显著作用。

与此同时，总部聚集区所形成的社会资本基础是开放、平等与创新的，聚集区内的企业、组织与个人等行为主体遵循一定的思维模式与行为方式展开交流与合作，使得信息沟通的渠道更加顺畅。在竞合状态下，创新速度加快，知识扩散明显，将会降低总部聚集区各企业的交易成本，由此进一步提高经济效率。

3. 企业总部的设立，强化了与区域外界的联系

在经济的全球化浪潮中，企业总部在区域经济发展中起着举足轻重的作用。西安高新区企业总部作为公司全球化经营的重要组成部分，与其他区域的企业形成了资金、技术、人才与信息的全球性流动，同时，也是入驻区域经济系统的有机组成部分。正是由于企业总部与外界的这一密切联系使得西安高新区的发展不再孤立，扩展了不同区域间的交流与合作，促进了创新活动的产生与发展。

4. 企业总部的设立，强化了知识在区域内的扩散与流动

作为产业龙头的跨国公司总部的设立，可通过其自身在行业的影响力快速地吸引大量行业内的中小企业进行物理上的聚集，同时在其日常运营中所形成的资金、信息、法律咨询等相关服务业的需求也能够促进相关产业的发展与聚集。

Muller 和 Zenker（2001）在对德国、法国五个地区的企业与中小型制造企业在技术创新方面的交互作用进行实证考察后发现，知识密集型服务业具有明显的获取、整合和扩散知识的功能。魏江（2004）认为："知识密集型服务业具有自身的特点。首先，从其与外部组织的关系看，它为外部企业充当外部知识源，促进了其服务对象——客户公司的创新；其次，从知识密集型服务业内部看，它自身也处于不断创新过程中，包括服务方式、服务途径、服务内容等方面的知识创新；再次，在前面两者基础上可以发现，知识密集型服务业与其他经济部门之间存在着互动关系，发挥着创新的桥梁作用。"

因此，知识密集型服务业在知识创新和扩散中起着重要的作用。简言之，知识密集型服务业可以被视为知识创新的界面或者润滑剂。它主要承担三种角色功能：知识获取、知识整合、知识的扩散和再生产（张玉珍，2006）。

5. 来自不同国家与区域的总部企业聚集有助于开放企业文化氛围的形成

源自不同国家与区域的总部企业在同一区域聚集，因其国别与背景的差异，

其企业文化也有不同。而其企业的员工通过密集的社会网络会将此文化向外进行扩散与转移，从而促进不同文化的大融合。

6. 西安高新区特殊的总部经济模式也会促进知识的创新

西安高新区高技术产业集群已经成为发展高新技术产业最为成功的模式，通过人员流动、信息交流及设施共享等手段与措施创建了有助于创新的良好氛围，这为产业集群优势的维持提供了有力保障，同时也有助于区域经济增长。

（二）西安高新区知识创新能力的提高有利于吸引总部企业入驻

1. 知识作为最重要的资源，知识创新能力高的西安高新区更容易聚集企业总部

德鲁克（1993）认为，当今世界，知识是企业唯一有意义的资源。Wiig（1994）认为经由知识管理带来的竞争优势包括，快速地以正确的信息或合适的行为响应顾客的询问和需求以改进直接的顾客服务、改进对顾客响应的速度和以顾客的需求重新设计产品和服务、改善产品和服务的一致性与质量、降低操作的成本以达到降低售价的目的。超额利润的存在吸引着许多企业不断学习和创新。

在知识创新能力极高的高新技术产业开发区，全球性的有关市场、资金、技术、人才、需求等方面的信息高度聚集，更新速度快，更新周期短，准确性高，这都让其他区域无法企及。因此，知识创新能力的提高有利于吸引总部企业的入驻。

同时，企业间的竞争已不再是生产技术能力的竞争，还有信息获取能力的竞争，这种能力正成为企业增强竞争力的重要途径。这必然会驱使企业去搜寻信息、创造信息优势并利用信息优势来获取机会利益。

2. 从公司总部选址所考虑的因素来看，对信息、知识的可获得性是企业选定总部所考虑的一大因素

企业在开展竞争的同时，还要提升其信息获取能力。信息获取能力也是企业能够持续发展的必要条件，会促使企业强化其信息搜寻、信息创造、信息利用的能力，提高公司运营总体效率，巩固其竞争优势。

从沟通的角度看，联合国贸易和发展组织（2001）认为：地区总部必须设立在具有战略意义的地区，以便与其他分支机构保持密切联系，并能够获得高质量的服务和先进技术的供给，特别是在信息处理领域更是如此，收集信息时需要与其他地区组织相互联系，这导致了强烈的集中倾向。

因此，西安高新区总部经济发展与区域知识创新之间存在着互动关系，并且要从社会资本和区域基础环境两个角度来培育发展总部经济和促进知识创新能力提高的两个共同因素，以此来打造区域持久的竞争优势，吸引更多的总部入驻，率先将西安高新区建设成世界一流的科技园区。

二、区域金融服务发展与总部经济发展的协同关系

在世界经济全球化及一体化的背景下，区域金融发展与区域经济增长之间相互促进相互制约，二者间的关系越来越紧密。金融服务已经成为现代市场经济的重要推力。一方面，区域金融服务的发展与繁荣，促进了区域内企业的快速成长，从而实现了区域经济的快速增长；另一方面，区域经济的增长模式也影响着金融服务发展的模式。在一定程度上，区域金融资源的流入源自于区域的优惠税收政策、高效率运转下的高资产收益率和直接投资机会等方面。

金融服务的发展在经济发展中起到催化和资源配置的功能，储蓄作为资本积累的源泉之一，通过金融系统转化为投资，形成实际资本，促进区域发展。区域经济的发展可以说就是资本积累水平的提高与资本产出效率的增长。

（一）总部经济的发展促进金融服务体系的完善

企业总部选择与现代专业服务提供者存在空间上的接近，便于彼此之间面对面的交流，而这对服务的交易来说极其重要（李江帆和杨广，2007）。

1. 总部经济对西安高新区金融服务需求产生正向影响

作为总部经济发展的空间载体，西安高新区目前已成为西安乃至整个西北地区的重要商务中心和金融中心。企业总部聚集所形成的规模经济和外部性，能够降低企业获得金融服务资源的成本，反过来也能够促进金融服务产业的聚集，将有助于企业享受到更高质量的专业配套服务。

调查结果表明，企业总部主要需求的现代服务业排在前五位的分别是金融服务、会计审计服务、“法律服务、信息技术服务和广告服务，其中选择金融服务的高达57.9％。企业总部不但吸引聚集了大量的金融机构和设施，而且资金、信息、金融产品也集聚于此，各种金融交易和清算活动在这一区域集中进行（赵弘，2007）。

2. 总部经济对西安高新区金融服务的市场化、国际化产生积极影响

在市场化方面，总部经济不仅为西安高新区金融服务发展和创新提供了背景和平台，也对金融服务及其产品技术含量提出更高的要求，而这正是金融服务市

场化强有力的催化剂。在国际化方面，西安高新区大量跨国公司总部的设立和企业业务在全球范围的展开，为与企业国际化资本运作相关的金融服务带来更多的机会，促使其国际化运营。

3. 总部经济有利于西安高新区金融服务配套环境的优化

企业总部的聚集促使占有大量社会资源的企业在西安高新区集聚，并产生巨大的社会影响力，进而对金融机构数量与结构、税收优惠、服务软硬件配套平台、信用环境与对高端金融人才的吸引力等诸多方面产生积极的促进作用。企业总部在西安高新区的设立，带来巨大经济效益和社会影响力的同时，也对西安高新区管委会等政府部门的行政效率提出更高的要求，从而加速了金融服务水平的提高。

（二）金融服务体系是总部经济发展的先决条件

丰富的信息、便捷的交通、高质的办公设施、即时的通信及良好的金融和商务运营环境已成为总部经济发展的必备条件。西安高新区金融服务体系已经成为该区域综合竞争力提升的重要环境因素。金融产业是知识型、信息型、清洁型和高附加值的现代服务业，西安高新区内金融支撑能力的改善对吸引知名大企业集团、跨国公司总部的入驻起到重要的作用，业已成为企业入驻西安高新区的重要指标之一。

有力的金融服务体系，为西安高新区的发展提供了必不可少的资金保证。具体而言，主要表现在以下几个方面。

第一，西安金融服务业的发展将促进西安高新区金融服务资源作用的充分发挥和能力的提升，将极大地引导金融资源投向西安高新区重点发展的高新技术产业，以提升金融资源配置的效率。同时，通过推动企业上市、提高上市公司质量等途径，加速产业资本与金融资本的融合，力争形成一批具有国际竞争力的龙头企业集团和优势产业集群，进而促进西安高新区总部经济的发展壮大。

第二，西安高新区金融服务资源作用的充分发挥和能力的提升，可以为银行贷款、项目融资、股权融资、企业上市、发行债券、探索 BOT（建设-经营-转让）投资与建设方式、投资基金和证券基金等多元化融资方式创造条件，从而确保园区内企业发展资金的及时到位，推动西安高新区总部经济的发展。

第三，西安高新区综合竞争力来源于经济发展的创新能力，区内金融服务资源的聚集将有助于高新区加快“退二进三”的产业改造，随着区内金融机构的集聚、资金融通、资本运营日渐活跃，各种金融市场逐步建立，证券交易所、期货交易所、产权交易所、房地产交易所等要素市场不断成熟，创业融资环境越来越好，在促进区内高新科技产业发展的同时，也使金融服务的竞争力得到提升，园区具有高新技术产业和金融服务的双重优势，无疑更好地促进了总部经济的发展。

西安高新区对西安经济增长的拉动作用进一步加大，它已经成为西安最具现代化特征、国际化特征的科技新城和重要的经济增长极，是推动西安地区经济发展、提升综合竞争能力的重要依托。参考总部经济已有研究成果，可知西安总部经济的发展正处于初级阶段，而西安高新区的经济发展水平和区域环境将是西安总部经济发展的最佳条件。同时，金融发展理论和西安高新区的发展现状也从不同的角度说明了西安高新区金融服务体系与总部经济发展的重要关系，即西安高新区总部经济发展将促进金融服务体系的发展，而金融服务体系的不断完善是总部经济顺利发展的先决条件。

第八章　促进西安高新区总部经济发展的途径之一——知识创新

鉴于总部经济具有知识要素投入密集、增值度高、附加值高等特点，要发展总部经济，就要提升区域的知识管理和知识创新能力，打造区域持久的竞争优势，以此吸引更多的总部入驻，率先将西安高新区建设成世界一流的科技创新园区。

第一节　西安高新区知识创新能力现状分析

西安高新区提出要紧紧把握世界范围内信息化、网络化、数字化快速发展的历史机遇，坚持自主创新特色，努力掌握关键、核心技术。2007 年西安高新区有高新技术企业1311家，在全国高新区中创办中小科技企业数量排第二位；列入国家级各类计划上千项，其中国家技术创新基金支持项目总数连续五年在全国高新区中位居榜首（西安高新技术产业开发区管理委员会，2009b）。

一、人才资源

人才资源是发展总部经济所需的基础资源，也是企业总部选址时考虑的重要因素。形成与总部职能相适应的战略性人力资源供给是发展总部经济的客观要求。在西安总部经济发展能力中，人才资源居全国第三位，西安高新区的人才资源更是处在西安的前列。

与中西部和东部一些高新区所处的城市相比，西安高新区所处的西安是在我国高等院校数、科研机构数、万人拥有的大学生数和科技人员数等方面仅次于北京、上海的城市，是我国第三大科技教育发达城市。这样良好的人文底蕴和科技教育基础就为西安高新区高新技术的研发和产业化奠定了良好基础，能够使公司总部以较低的成本进行知识密集性价值活动的创造。

西安高新区坚持实施人才高地战略，按照人才工作服务于招商和产业发展的要求，进一步加大面向全球吸引高端人才的力度，使西安高新区“人才凹地”效应得到持续发挥，推行专业化人才招聘活动。2007 年全年，园区引进高端人才 963 人，人才库突破 13 万人。截至 2007 年年底，西安高新区从业人员233 803 人，较上年增长 10.73%，其中大专以上学历人员135 113人，较上年增长 32.67%；硕士人员9867人，较上年增长 40.69%；博士人员1642人，较上年增长 5.4%；中级职称人员43 699人，较上年增长 26.33%；高级职称人员16 782 人，较上年增长 5.82%。园区留学人员企业累计达到496 家，有 335 个留学人员企业项目被列入国家和省市各类科技计划（西安高新技术产业开发区管理委员会，2008a）。

二、研发能力

（一）研发投入

从投入角度来看，衡量高新区总部经济发展知识创新水平的另一个指标就是研发费用的投入。在西安总部经济发展能力中，研发投入居全国第三位。在 53 个国家高新区中，高新技术企业 R&D（研究与发展）支出占产品销售收入的比重达到或超过 3.6%的有 12 个，西安高新区位居其中，R&D 经费支出排在全国第四位。2006 年西安高新区企业的 R&D 经费支出1054.0亿元，比上年高 247.8 亿元，同比增长 30.7%。西安高新区规模工业企业的 R&D 支出占产品销售收入的比重为 4.1%，比全国规模企业的同一比重高出 1.4 个百分点。而西安高新区 R&D 经费支出占 GDP 的比重为 8.7%，高出全国 7.3 个百分点（邢涛，2007）。

2006 年西安高新区科技项目数位居全国第二。科技项目数最多的前五名高新区是中关村科技园区、西安高新区、成都高新区、厦门高新区和上海张江高新区，这五家高新区科技项目数占全国高新区的 54.4%。2006 年西安高新区产品开发项目和 R&D 项目分别达到 63 472 项和 60 159 项。2007 年，园区共获得国家、省、市各类科技产业计划立项 661 项，同比增长 90%；获得扶持资金 6.9 亿元，同比增长 35.8%。其中国家级科技计划立项共计 189 项，获得资助资金 4.83 亿元。在知识产权方面，截至 2007 年年底，区内共有 340 家企业1560项知识产权项目获得资助，资助资金 190 万元。企业孵化器是技术创新的主要载体，也是技术转移的主要平台。西安高新区目前已经初步形成了以创业服务中心综合孵化器为核心，其他科技园孵化器为特色的多元化、多层次的孵化培育体系。园区内现有孵化器 18 家，其中国家级的有 5 家，孵化面积为 101 万平方米，在孵企业有1570家（西安高新技术产业开发区管理委员会，2008b）。

（二）科技成果

衡量高新区知识创新水平一个很重要的指标，就是拥有自主知识产权专利的数量和水平、专利产品的规模和比例。

省会城市西安作为陕西政治、经济、文化的中心，其知识产权工作始终在陕西乃至西北地区处于领先地位。以专利工作为例，2006年西安的专利申报量达到了4118件，占全省专利申报总量的72%，图8-1是近年来陕西、西安及西安高新区的专利申报情况。

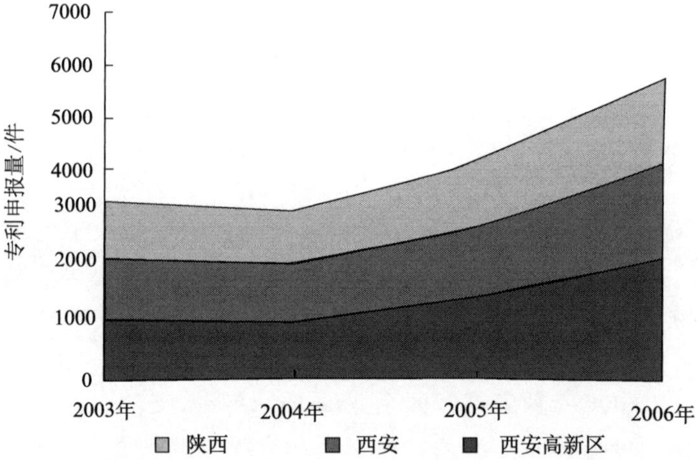

图8-1 2003～2006年陕西、西安、西安高新区专利申报量

从图8-1中可以直观地看出一个规律，西安高新区知识产权申报占西安申报总量的1/2强，占陕西专利申报量的1/3左右。这从一个侧面可以说明西安高新区知识产权发展状况是西安乃至陕西的一个缩影。

2006年西安高新区企业的各种技术性收入达到2825.3亿元，占营业总收入的6.5%，位于全国第三位。从技术性收入分类看，企业用于技术咨询的费用最高，占到技术性收入1/5以上的份额，是技术收入的主要形式。

在西安总部经济发展能力中，科技成果居全国第14位。相对于其他两项研发能力的指标，科技成果的指标显著偏低。这说明西安在创新产出水平和创新活跃程度方面还有待提高。从以下西安高新区知识产权工作情况可以找出一些原因。

从行业分布看，专利申请集中在电子信息、生物技术、新材料等高科技领域（图8-2）。

从西安高新区申请人的构成来看，本应成为专利申请大户的企业，还没能成

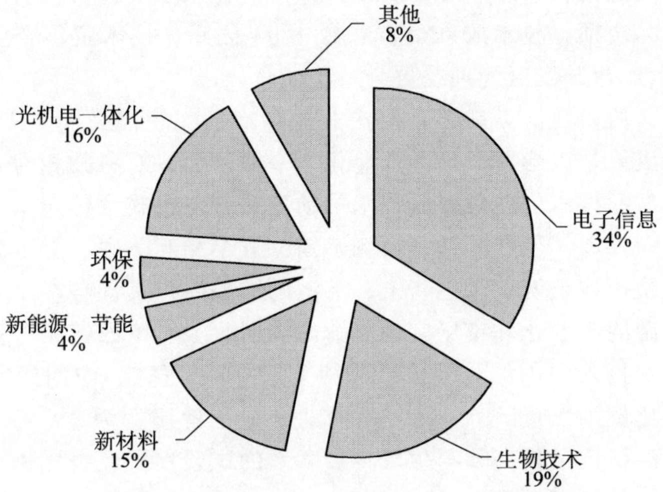

图 8-2 西安高新区高科技领域专利申请比例情况

为专利申请的绝对主力，这点也是在国内其他地区较为普遍存在的现象。这说明职务专利申请还不够多，从侧面反映了企业还没有足够重视知识产权管理及保护工作（图 8-3）。

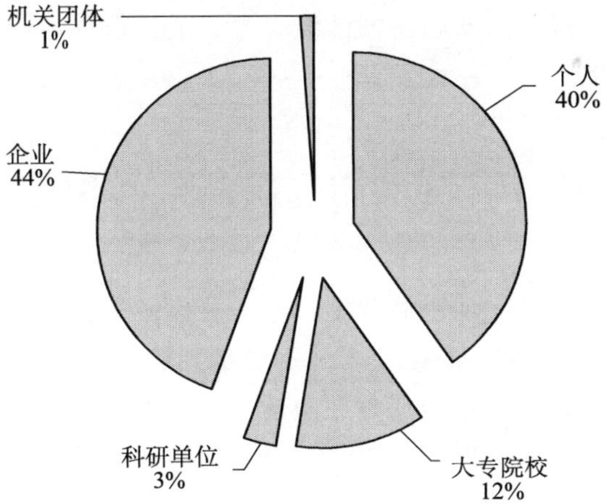

图 8-3 西安高新区专利申请人比例情况

由于个人申请所占比例过高，导致专利申请质量不高，结构不合理，含金量高的发明专利远远低于实用新型和外观专利。2007 年知识产权申报和技术交易情况都有显著增长。全年西安高新区新增知识产权申报数为3899件，其中，专利2262件（发明 698 件，实用新型 585 件，外观设计 979 件），同比增长 154.2%；

商标613件，同比增长101%；版权1024件，同比增长100%。全年累计认定各类技术合同4300余项，技术成果交易总额4.66亿元，技术贸易企业存量473家（西安高新技术产业开发区管理委员会，2008a）。

西安高新区的研发能力较强，但产业化和市场实现能力弱。R&D经费支出很高，但科技成果难以形成产品和产业化。一般认为，对科技相对发达地区，应采取技术推动型的技术创新模式。技术推动型的创新模式大体包括“基础研究—应用研究—试验发展—生产制造—市场营销”五个相互关联、上下游互动的完整过程。研究表明，在陕西技术创新上、下游的链条中，其优势在于上游的研发能力较强，而下游的产业化和市场实现能力则较弱，上、下游链条严重断裂和不平衡。从研发经费投入内部结构看，2003年陕西基础研究、应用研究和试验发展三者经费支出比例为1∶5.1∶1.2，而同期全国三者比例为1∶3∶130，也表明陕西基础研究经费比例较高，与生产直接联系的试验发展经费比例太低（西安高新技术产业开发区管理委员会，2008b）。由于后续投入跟不上，上游的科技成果难以形成产品和产业化。

西安高新区企业研发投入持续增长，涌现出一批技术创新能力强的企业和具有自主知识产权的产品。以企业为主体的技术创新体系不断完善，技术创新成果显著。西安高新区已逐步建立起了适合自身发展的技术创新促进体系，包括科技企业孵化体系、科技创业投资体系、科技人才服务体系、科技中介服务体系等，技术创新平台日趋完善。西安高新区已经成为区域科技创新的重要力量及科研成果产业化的重要基地。

第二节　基于总部经济的西安高新区知识创新体系的构建

基于企业知识管理模式和区域特质，总结出区域知识管理的基本模式，并指出区域知识管理主要由三个要素组成，分别是知识创新、知识扩散、基础环境（王浩，2007）。区域知识管理的任务在于建立区域创新环境，并在区域创新的基础环境下，运用管理手段，促进区域的知识创新和知识扩散，以此形成区域的竞争与合作优势。因此，区域知识创新和知识扩散是区域创新活动中的主要任务，知识创新是目的，知识扩散反过来促进和加快知识创新，通过区域的知识创新和知识扩散活动，共同提高区域整体竞争与合作力。

一、基于总部经济的西安高新区知识创新主体

研究表明，大多数企业创新不是来自于企业自己的发明创造，而是借助于外

部创新源。在高新技术产业区域中，企业可以接近的顾客、供应商、竞争企业及区域服务机构，都成为区域中主要的知识溢出源。

魏江（2003）将区域中的知识溢出源分为六类：特定企业自身、用户企业、供应商、竞争或互补企业、区域代理机构和公共服务机构。其中，区域代理机构指由当地政府及区域成员共同发起设立的机构，如行业协会、企业家协会、质量监督委员会等；公共服务机构指从事区域知识创造、提供管理和技术服务的独立机构，如研究机构、政府实验室、生产力中心、企业联合中心、技术孵化器等。企业的主要信息来源包括竞争企业、用户、设备或软件供应商、零部件供应商、大学或科研机构、公共或非盈利性科研机构、专利出版、技术杂志或会议、展览会等（Monjon and Waelbroeck，2003）。这些企业机构由于社会接近性、行业接近性、地理接近性，一方面溢出知识，另一方面又在获取知识进行创新。

结合西安高新区实际，本书初步将知识创新的主体界定为总部企业、政府、大学和科研机构、中介机构、供应链企业、竞争对手、与总部企业相联系的区域外部姊妹企业。这些企业通过区域知识流动和社会网络又形成了一种知识创新网络，其知识创新网络及创新主体间的知识流向关系如图 8-4 所示。

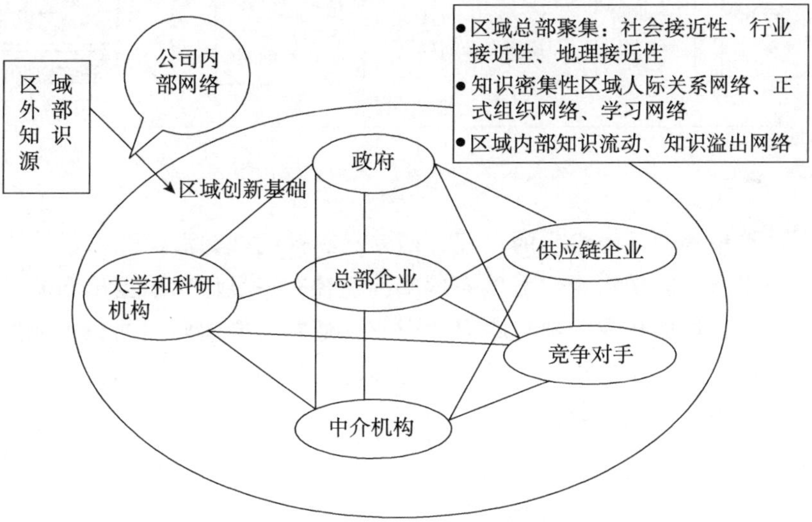

图 8-4 区域知识创新网络及创新主体间知识流向关系图

二、基于总部经济的西安高新区知识创新传导机制

通过区域内的知识流动机制与沟通网络，将区域内聚集的大量重要创新信息，即技术信息、管理信息与市场信息向区域内扩散与溢出。只要具备了通畅的

传导路径，外溢的知识与信息就能够为同一区域内的企业所吸收和利用，由此，溢出效应产生。知识溢出的过程中区域的知识存量积累增加，进而产生更多的溢出，形成持续竞争优势。

根据图 8-5，可将区域中知识溢出的传导过程分解为三个阶段。

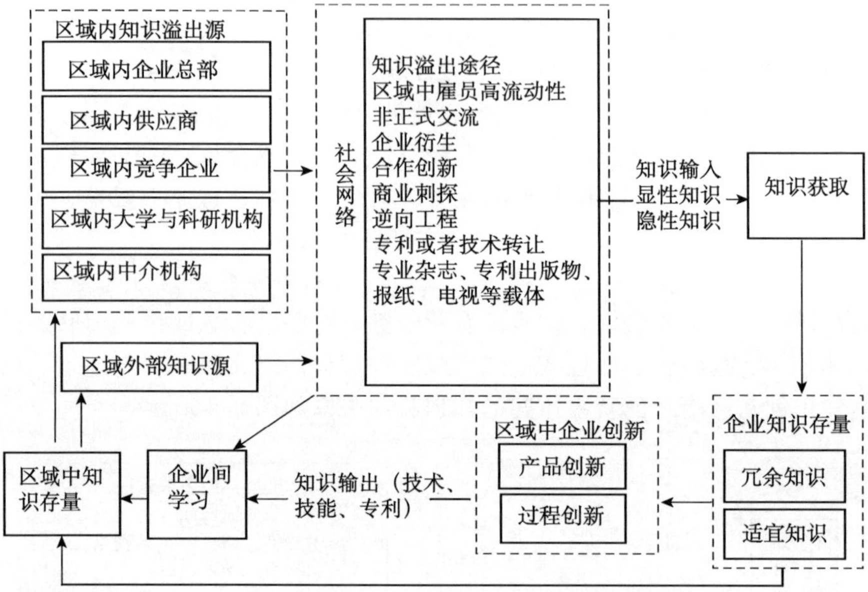

图 8-5 高新技术产业开发区知识溢出传导机制

第一，知识从知识源溢出的过程。西安高新区的知识溢出源可以分为区域内和区域外知识源，区域内企业可以通过某种途径获得显性知识溢出和隐性知识溢出。由于隐性知识的传递受地理距离的限制，通常需要面对面交流才能实现，所以西安高新区内的知识溢出源通常可以传递隐性知识，区域外知识溢出源通常传递的是显性知识。在这一阶段，西安高新区社会网络为知识溢出提供通道，这对知识溢出具有重要的促进作用，图 8-5 中所列的知识溢出途径嵌入西安高新区的社会网络中，通过社会网络传递知识。

第二，知识溢出转化为企业创新绩效的过程。知识源通过某种途径传递的知识，并不能全部被企业利用，这主要受企业知识创新能力的影响。对知识溢出的获取导致企业知识存量增加，企业知识可以分为冗余知识（obsolescence knowledge）和适宜知识（appropriate knowledge）两类，冗余知识作为一种新的溢出源参加西安高新区的知识溢出循环，而适宜知识会促使企业开展创新活动，产生新的知识。

第三，企业的创新产出在西安高新区中扩散的进程。企业的创新产出通过企业间学习在西安高新区中扩散，影响并促进区内其他企业开展创新活动，进而促进创新效益的提高，产生更多的创新成果，提高西安高新区整个区域的知识存量，这些知识作为新知识源参加整个区域的知识溢出循环。在这一阶段，区域社会网络对企业学习具有重要作用。

显然，对于区域知识溢出来讲，知识溢出源的存在是必要的，同时，有效的传导途径也是必不可少的。下面将对几个重要的知识溢出渠道进行具体解释。

（一）区域中雇员高流动性

自马歇尔的产业区理论开始，劳动力要素的流动一直被区域经济研究者认为是知识溢出的最重要机制。比较普遍的观点是，稳定的当地劳动力市场为技术交流提供了重要的机会。作为隐性知识载体的人力资本，在经济活动中可能会出现流动（如竞争对手用高薪挖走人才、人才因对工作环境不满意而跳槽等），造成企业技术知识外溢（隐性知识的外溢）。由于人力资本中的隐性知识具有很强的随人才流动而流失的特性，所以劳动力在企业之间的流动促进了知识在成员企业之间的扩散，而且外部劳动力的流入可以将外部知识传入区域，并使区域创新系统内部的原有知识实现重组（魏江，2003）。

Fosfuri 和 Mota（2001）认为技术溢出主要归功于员工从跨国公司到当地企业之间的流动。Almeida 和 Kogut（1999）通过深入调查硅谷后认为硅谷的工程师和技术员工频繁变换工作有助于技术溢出。为了避免有价值的知识通过员工流动溢出到竞争对手那里，企业会尽量避免这种事情的发生。Lawson（1999）发现在剑桥高技术产业区域，雇员在企业之间及大学与企业之间的频繁流动，不但能够提供广泛的技术、技能，也能够促进知识的流动。雇员不但本身拥有技术，他们也会与以前工作的大学或企业保持联系，这种具有历史延续性、建立在共同信任及理解基础上的联系，能够促进区域中知识的持续流动。Rakesh（2002）认为雇员从区域中的一个企业流动到另一个企业能够形成区域中知识创造与扩散的自增强机制，尤其是能促进区域中隐性知识的流动。

区域中劳动力市场是外部性的重要来源。企业在同一或相关产业的地理集聚创造了具有相同或相似技能的劳动力市场，这减少了在区域中获得人力资本、技术、知识的不确定性。Saxenian（1994）对硅谷计算机产业进行案例分析，发现雇员高流动性所导致的知识溢出是硅谷计算机产业产生集聚经济效应的重要来源。

因此可以认为，企业间劳动力流动的程度越高，技术流动的速率就越大。但过度流动或者流失到区域外极可能给区域带来损失，劳动力流动速率过高，将会破坏知识的持续积累规律，会导致学习绩效下降，进而削弱企业的 R&D 能力。

（二）非正式交流

自2006年以来，有关非正式交流对区域知识扩散和创新的影响，逐渐引起了人们的重视。一个覆盖面广、互动频繁的非正式交流网络，是产业区域趋于成熟的标志之一，区域的非正式交流网络能够有效营造开放的信息交流和创新环境，加强区域内知识的流动和沉淀，加速不同属性知识之间的转化，提高不同知识源的知识碰撞、整合频率，最终提高区域整体创新水平（何圣东，2002）。

隐性知识嵌入在人力资本中，其溢出通过面对面交流才能实现，而产业区域是隐性知识产生和扩散的最适宜地区（Rosa and Alessandro，2005）。在区域中，企业的空间相邻使得企业间的面对面非正式交流更为便捷。在硅谷，最新的生物科技企业有600家集中在直径50英里①的范围内，每天他们相互打电话或一起吃顿饭，便可以获得许多同行业的最新信息，保证本区域发展与外部技术和市场环境的迅速变化相适应（王辑慈，2001）。

Ellison和Glaeser（1999）认为地理临近有利于企业通过正式或非正式渠道分享区域内部知识，即分享智力溢出，而智力溢出的重要形式就是人员的流动。区域创新网络为隐性知识的扩散提供了良好的条件，因为这种面对面接触的成本会随着知识溢出源与新知识接受者之间地理距离的扩大而提高，这也能够解释为什么创新网络倾向于存在于一定的区域范围内，而且一旦建立，就会比较稳定地发展下去。例如，创业者、风险投资家、大学和政府机构之间的非正式网络就会引导区域中的创新活动，而且这种创新网络是在区域中共同的文化背景、相似的价值观及互惠合作的信任条件下建立的，新思想更容易在区域中流动。所以产业区域通常会比非区域地区提供更多的创新机会，创新扩散速度更快。魏江（2003）的实证调查发现，包括企业家、高级管理人员、中层和基层管理人员、技术开发人员等在内的各类人员之间都存在高频率的非正式沟通，这为技术和管理知识与信息在区域内部流动提供了最有效的路径。

（三）企业衍生

大量理论研究和实践表明衍生企业（spin-offs）对促进行业发展、创新能力提高等具有重要作用，衍生企业既是知识经济的产物，又是知识经济发展的助推器。衍生企业是高技术产业区域中新企业形成的主要形式之一，也是高技术产业区域发

① 1英里=1609.344米。

展壮大的途径之一（Garvin，1983）。硅谷和128公路的产生和发展说明了这一点。Bhide在研究创业和新企业形成时发现，71%（包括世界500强）的发展较快的企业基本都是对原母体企业的复制和模仿（Bhide，2000）。Rajshree等（2002）认为衍生企业能够继承母体企业的知识，并能够形成后续的竞争优势。

衍生企业现象已成为研究学者的焦点，区域中的衍生活动包括四个方面：①由以前属于另一企业的员工新成立的企业；②由经营观点的分裂导致的从创业初期的企业里分离出来的新企业；③由公共研究机构或教育机构成立的企业；④由多家企业共同发起建立公共机构，产生的知识信息由大家共享等（魏江，2003）。区域中衍生企业成为知识溢出的主要渠道。衍生的新企业与母体之间存在着千丝万缕的联系，77%的创业者声称他们拥有了以前的研究经验，69%声称获取了管理经验。

（四）合作创新

许多文献提出企业之间的合作关系是区域中企业间知识溢出的主要渠道的假设，而且一些学者认为，可以通过适当的政策促进企业之间的合作，或者至少不去阻碍这种合作，以提高区域中知识溢出的速度与水平。Michael和Grit（2004）实证分析了企业间研发合作对知识溢出的影响，他们认为合作创新是企业获得合作另一方知识溢出的途径之一。

相对于地理上分散的产业竞争者而言，区域内存在更多的合作。从合作的必要性来看，区域对每一个成员企业的创新都有影响，它们要合作面对共同的技术发展趋势和流行的时尚，获得更好的需求信息，发现共同的市场机会，以提高产品和工艺水平。通过合作创新，企业在技术开发方面可以实现优势互补、取长避短，共同推动区域创新活动的开展。从合作的成本来看，企业在地域上的接近能够降低交易成本，区域企业可以共享知识和技能、采购信息和渠道、共同的基础设施等，在这样一种环境中，区域企业更容易进行合作创新，共同促进创新绩效的提高。在合作创新中，合作方为了使创新产出最大化，往往会利用自己精干的科研队伍，因此，在合作过程中，会产生许多主动的或非主动的知识溢出，同时，地区内重复性互动，能够导致区域内企业相互增加信任及公开交流，加强企业在生产中的合作，扩大企业间合作领域（蔡铂和聂鸣，2003）。

（五）其他途径

其他途径包括商业刺探、逆向工程、专利或技术转让，以及专业杂志、专利出版物、报纸、电视等媒体。商业刺探一般指采取某种措施获取竞争对手的技术知识。逆向工程是指通过研究竞争对手的产品获取附着在产品中的技术知识。专利或技术转让，以及专业杂志、专利出版物、报纸、电视等媒体通常是显性知识溢出的途径。

三、基于总部经济的西安高新区知识创新的影响因素

陈萍（2007）指出，区域知识创新实际上是知识在某一特定区域内部转化和提升的过程。区域是否具有竞争优势，不仅取决于其资源占有量的大小，还取决于其是否具备有利于知识创新的机制与环境。任何区域要想形成和保持竞争优势，必须打造有利于区域知识主体学习和创新的环境，实现区域知识创新要求。

叶金福和李正锋（2006）利用 GEM［以企业集群为基础的创新系统模型，即“基础（groudings）-企业（lenterprise）-市场（markets）”模型］的知识创新系统模型对产业区域内知识创新能力影响因素进行了实证分析，提出为进一步提高我国区域的内在知识创新能力，需从以下方面做出努力：①改善资源和设施的效率和品质，为区域知识创新活动提供基础保障；②形成鼓励知识创新的区域文化和制度，为区域创新创造良好的外部环境和文化氛围；③确立整体的微观经济规则，协调区域内创新资源的整合；④构建区域创新网络，消除区域内扼制创新的瓶颈和障碍；⑤执行一整套积极的、有效的、长期的经济活动方案，促进区域内企业创新能力的发展和升级。

刘常勇（2004）将跨国企业选择海外研发据点的主要评估因素归纳为人力资源、市场规模、制造能量、环境与政策条件、产业区域与产业竞争力、知识流通与创新能力等六个构面。

王铮等（2005）对高技术产业集聚区的形成进行了因子分析，归纳出可能影响跨国公司在我国投资的主要因素，有经济因素、知识溢出环境、人力资本因素、科研水平因素、通信设施因素、知识产权保护因素、外商直接投资、商贸环境、工资水平等。经过筛选和统计分析得出，跨国公司在我国进行投资与我国各省市实际利用外商直接投资、人力资本的有效利用程度、商贸环境、科技水平及知识产权保护水平等因子呈高度相关关系。

李建军（2002）对硅谷高新技术产业区域的“产学”创新系统进行了生态学分析，认为“产学”创新生态系统得以维持，主要依靠四种动力因素：“产学”创新的触媒剂、持续创业的营养源、鼓励创业的支持性环境和相互依存的群体网络，从而具备具有显著开放性、非平衡性和不可逆性的激励技术创新的正反馈机制，这是硅谷产业区域可持续发展的基本保障。

刘友金和郭新（2003）认为区域式创新形成与演化的内部条件主要取决于区域单元性质及其类型、区域的内部结构等因素；外部条件包括基础设施、科技创新始发资源、风险投资、生活环境、制度环境、人文环境等因素。

结合总部经济的知识密集性特征及前文对区域知识创新传导机制的研究，本书认为影响区域知识创新的情境维度主要有两个方面：第一，社会资本；第二，区域基础环境。其中，社会资本包括结构资本、认知资本、关系资本、区域外部社会资本；区域基础环境主要由区域创新软环境和区域创新硬环境构成。区域创新硬环境指交通、通信、信息网络、教育机构、生活基础设施等；区域创新软环境指区域的社会文化环境，即有利于区域知识创新和顺利流通扩散的制度、政策、法规和市场竞争，学习氛围，以及勇于创新和尝试、宽容失败等社会文化环境。在这里，主要选取了战略资源、政策激励、区域文化三个层面。

四、基于总部经济的西安高新区知识创新体系的提出

在区域知识创新体系中，主要是通过建立和完善区域知识创新环境，即区域基础环境和社会资本，通过企业机构之间的互动促进知识在区域内的流动和扩散，增强区域知识创造和知识应用的整体能力，并建立起一个能够让知识在其中充分、有效率交换和扩散的区域知识创新系统，增强区域竞争力。具体内容如图 8-6 所示。

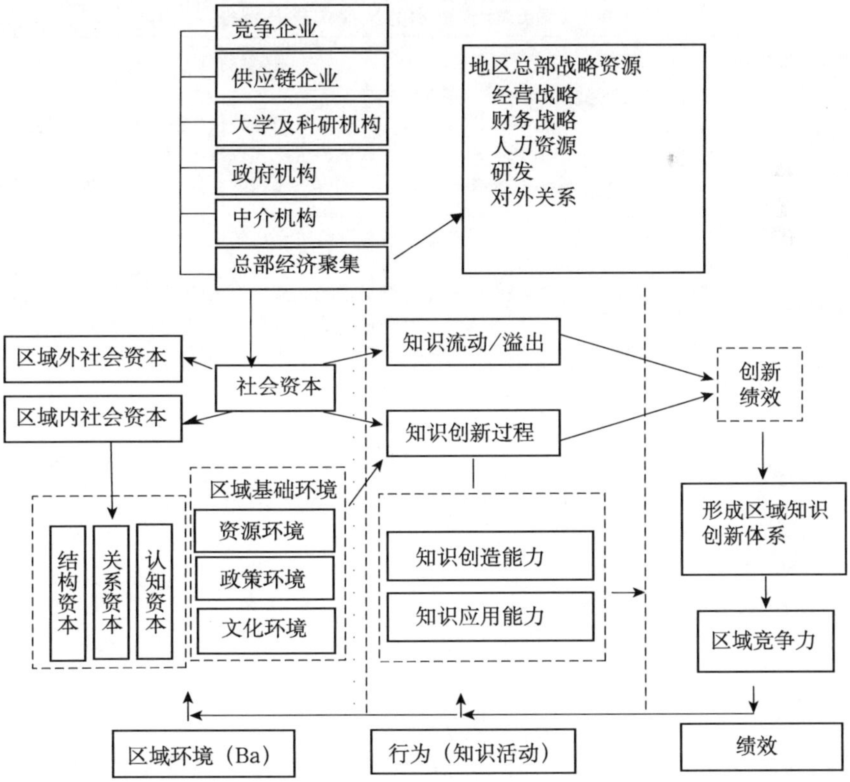

图 8-6　知识创新系统

第三节　基于总部经济的西安高新区知识创新的实证研究

一、相关概念

（一）社会资本

区域内社会资本是指区域中企业或机构之间及个体之间的社会网络关系的总和，企业可以通过运用或动员这种网络关系而达到获益的目的，其维度构成及特征如表 8-1 所示。

社会资本对区域创新绩效的影响表现为两个方面：一是促进知识在区域中的扩散与转移；二是提高区域企业的知识创新能力。因此，本书将区域社会资本作为一个基本研究要素，主要研究其对区域知识创新的影响。

表 8-1　区域社会资本的维度构成及特征

社会资本的维度	构成	区域特征
结构资本（相互作用）	网络密度 网络强度	网络节点较多，包括区域企业、供应商、用户及各种机构 强联系：存在于区域内企业或机构之间 弱联系：存在于区域内企业与区域外企业或机构之间
关系资本（信任）	信任度	地缘或亲缘关系使网络成员之间信任度较高
认知资本（共享的观点）	共同语言和背景 共同规则 共同的目标	经常的联系与互动形成大家所熟悉的圈内语言和背景知识；互惠性关系是许多成功企业集聚的共同规范与准则；网络成员自觉维护区域信誉，建立区域品牌效应

本书认为区域社会资本即社会资本，包含区域外社会资本及区域内社会资本两部分，而区域内社会资本具体包含内部结构资本、内部关系资本及内部认知资本三个维度。

（二）区域基础环境

1. 战略资源

综观国内外相关文献，发展总部经济要具备良好的区位优势、专业化及配套服务优势、人力资源和科研资源优势等。区域战略资源的优越性主要表现在以下两个方面。

（1）本地知识库（knowledge base）。本地知识库即创新活动所要求的知识存量。在区域的发展过程中，区域中积累了丰富的、相关的知识库。这些知识往往以经验、隐性知识等未编码化的形式存在，难以模仿和移植，在区域内部常以非正式交流的形式传播。技术创新活动体现出地域集中的特征，其依赖于区域的战略资源。

（2）新技术转化。区域中往往包括实力强大的科研院所、大学等科研机构，这在高新技术产业区域中更加普遍，这些科研机构是区域新技术的源头。区域中的企业可以更加快捷地得到新技术发展的信息，能够优先获得这些新技术，这就为区域的创新提供了基础，更易于实现新技术的商业化。

此外，从公司设立地区总部考虑的区位因素来看，战略资源应该也包含以下几个方面。

（1）信息的生产与传输。随着信息经济学不断发展，许多研究指出直接投资的区位选择是外商出于降低信息成本动机的一种理性抉择。

（2）服务业水平。地区总部业务的顺利开展需要一系列企业服务业的支持，尤其当地区总部规模较小时。因此，东道国金融、证券、保险、房地产、广告、市场调查、咨询、会计、法律服务、信息服务等行业的发育状况及其国际化水平是影响跨国公司地区总部发展的重要因素。

（3）产业集聚程度。所谓集聚，是指在地理上一些相互关联的公司、专业化的供应商、服务提供商、相关的机构，如学校、协会、研究所、贸易公司、标准机构等，在某一地域、某一产业集中，它们所形成的既相互竞争又相互合作的一种状况。一般来说，产业集聚可以通过以下方式降低产品成本：首先，可更经济地获得专业化的投入要素和人力；其次，可更低成本地获取相关信息；第三，增强企业间的互补性；第四，低成本地获取公共产品；第五，提供更有效的激励。

这三个方面都可以归结为企业在该地区设立总部想获取的战略资源。

2. 政策激励

激励能使企业的知识创新收益最大化，能充分调动创新者的积极性，并能引导企业技术创新的方向，因此，良好的政策激励对企业的入驻有着重要的影响，对区域内企业的知识创新非常重要，对区域的知识创新有着深远影响。

西安高新区有着重要的社会地位，因此政府对高新区在政策上也存在着一定的倾斜与激励。政府对企业知识创新活动的激励主要体现在产业政策、科技政策、创新资源的投入和产出等方面，它们通过知识创新政策发挥作用，激励、引导、保护和协调企业知识创新活动。例如，政府对创新行为的补贴、奖励或者给予优惠政策能够激发和强化企业知识创新的意愿；政府的产业政策能营造良好的知识创新环境，扶持相关产业的发展。因此，政府政策激励在区域知识创新过程中也发挥着积极的作用。

3. 区域文化

区域文化因素包括区域内企业成员的风俗习惯、价值观念、社会风气等内容。任何区域的文化都有明显的本地化特征，其产生和发展都植根于当地的社会历史背景，具有不可移植性，表现为一系列本地化特色的风俗习惯、规范和准则，对社会经济的发展起着规范、导向和推动作用。文化的这个特征促使特定区域的形成、发展，并且不可被模仿。知识创新是与地域的文化背景、群体的价值观念甚至宗教信仰密切联系的，尤其是家庭观念、教育观念、经济观念、接受挑战和冒险意识等对区域内创新行为的影响十分深远。学习型区域文化的形成是提升区域学习能力，支撑区域创新的关键所在。

（三）知识创新

美国学者艾米顿曾提出，“所谓知识创新，是指为了企业的成功、国民经济的活力和社会进步，创造、演化、交换和应用新思想，使其转变成市场化的产品和服务”。艾米顿的知识创新，包括科学研究获得新思想、新思想的传播和应用、新思想的商业化等，有三种形式：一是通过 R&D 活动进行知识创新；二是除了 R&D 活动外，在知识的生产、传播、交换和应用过程中发生的知识创新；三是为了社会和经济利益新知识的首次扩散和应用。本书主要采用艾米顿知识创新的观点。在研究中，知识创新主要包含知识创造和知识应用两个维度，如图8-7所示。

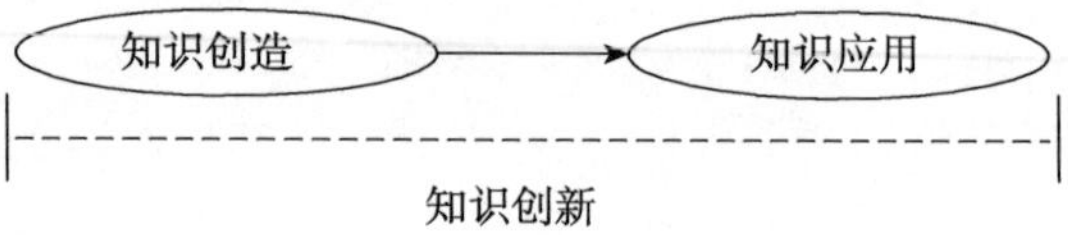

图 8-7　知识创造与知识创新之间的关系

1. 知识创造

Nonaka（1994）认为知识创造是经由内隐与外显知识互动而得的，并得出下列四种不同的知识创造模式，如图 8-8 所示。①共同化：由内隐到内隐，借由分享经验而达到创造内隐知识的过程；②外化：由内隐到外显，内隐知识透过引喻、模拟、观念、假设或模式表现出来，在四种模式中，外化可说是知识创造的关键；③结合：由外显到外显，将观念加以系统化而形成知识体系的过程，牵涉结合不同的外显知识体系；④内化：由外显到内隐，以语言、故事传达知识，或将其制作成文件手册，均有助于将外显知识转换成内隐知识。

	内隐知识	外显知识
内隐知识	共同化（共鸣的知识）	外化（观念性知识）
外显知识	内化（操作性知识）	结合（系统化知识）

图 8-8　知识创造的模式

图 8-9 以知识的内隐或外显为一轴，以知识的层次为另一轴，可以清楚地显示出知识螺旋在不同层次上的移动。

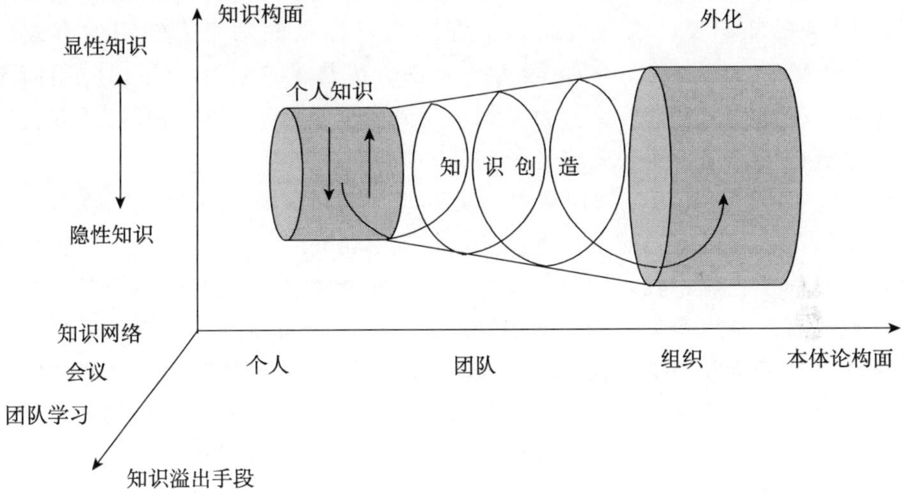

图 8-9　不同层次上的知识螺旋

Nonaka 和 Takeuchi（1995）提出组织知识创造过程的模式，包括五个阶段。

（1）分享内隐知识。内隐知识主要是透过经验获得的，较难诉诸语言，因此要与他人沟通或传递给他人也较为困难。因此，由背景、动机及观点不同的许多个体分享内隐知识，成为组织知识创造关键性的第一步。

（2）创造观念。内隐与外显知识最强烈的互动发生在此一阶段。一旦分享的心智模式在互动的范围内形成，便可借着组成小组与进一步的持续性会谈，将其表达得更为明确。

（3）证明观念的适当性。个人或小组所创造出的新观念必须在某一个阶段加以确认，包括决定新创观念对于组织及社会而言是否值得，这与过滤的过程相当类似，在此过程中，个人似乎不断地、下意识地在确认或过滤信息、观念与知识。

（4）建立原型。在此阶段中，已经确认的观念将被转化为较为具体的原型。在新产品发展过程中，产品模式即可视为原型。

（5）跨层次的知识扩展。知识创造过程是一个不断循环的过程，并非在经过一个层级后便停止，它可借由组织内部及跨组织领域的持续互动，而产生持续的知识螺旋。Nonaka 和 Takeuchi（1995）明确指出，希望借由团队学习、信息与资源共享、网络联结等方式，使各单位的知识蓄积与流动，主张组织环境对知识创造绩效具有影响力。

2. 知识应用

随着企业之间的竞争愈加激烈，很多管理者越来越深刻地认识到，企业的知识创造和知识利用能力是形成企业竞争优势的主要来源（Prahalad and Hamel，1990）。企业的知识观认为，组织知识管理的目标是鼓励个人知识的有效运用（Sarin and McDermott，2003），因为企业竞争优势的来源在于知识应用而不是知识本身（Grant，1996），只有将知识应用到企业产品和服务的开发或其他问题的解决过程中，才能为企业带来竞争优势。

March（1991）认为，知识利用的实质就是通过完善和拓展组织现有的竞争力、技术与范式来更好地完成任务。Kogut 和 Zander（1992）认为，知识应用是一个社会过程。企业中较好的员工关系、良好的组织文化及组织结构等方面都可能对知识的有效利用产生影响。知识管理工作中一个很重要的假设就是企业十分依赖由个别员工所掌握的“隐含的知识”。知识管理工作应努力使这些“隐含的知识”不再仅仅是个别人的专利，而应该使它们渗透到企业的各个部门，为企业的广大员工所掌握。这就涉及如何使知识在企业范围内进行传播、分享及得到使用，并且对原有知识库进行不断的回顾和更新，以最终达成“知识的应用”。

March（1991）将“应用”一词定义为“对企业已有资源和竞争能力的充分使用”，而朱亚明（2006）则把“应用”定义为“通过业务间的转移与共享以提高企业现有竞争能力的使用效率”。从这两个角度来说，知识应用一词包含两个基本要素，即知识的充分应用和有效应用。技术含量不同的企业在知识的有效应用方面，也存在一定的差异，高技术企业知识利用程度的提高，必须基于它的技术和经济的合理性（Cohen and Levinthal，1990）。Alavi 和 Leidner（2001）认为知识应用在某种程度上就是知识整合的过程，因此知识应用可以理解为企业员工对获取、吸收的新知识和已有知识进行整合并实际应用到工作流程中以解决问题或制定决策的过程。

本书所采用的知识应用的定义是指企业通过各种途径以有效应用组织内外部

各种知识的能力，它的目标是实际地应用知识。

（四）创新绩效

有关某些或某个因素与企业创新关系的实证研究，通常以创新绩效作为企业创新的衡量指标，因为这一指标既能够表明企业创新活动的强度，又能反映企业创新活动的效果。

国外许多学者认为企业创新绩效是指由产品创新或工艺创新活动带来的企业绩效的提高。本书认为创新绩效是企业实现生产要素新的组合之后，所取得的效果和所表现的生产效率的提高。其中，创新绩效主要是指知识创新绩效，通常用知识创新活动对企业赢利性提高、市场份额提高及员工素质提高的贡献进行测度。

二、知识创新系统内的作用关系

（一）社会资本与高新区企业知识创新能力、创新绩效的作用关系

西安高新区内显性知识的溢出通常表现为通过技术许可、专利技术公开、公开出版物、各种技术会议及产品反向工程等方式获得的新技术和新专利等。而隐性知识通常与个人的观念、洞察力和经验等联系在一起，无法直接通过语言来表达。人们只能通过实际应用观察，通过实践和经验获得隐性知识，因此隐性知识的转移和模仿比较困难。通常只有通过长时间的实践、干中学和用中学才能成功地获得隐性知识。

在西安高新区中，同行业的生产厂家、供应商、重要客户，以及相关产业和支持产业交织在一起，形成一种社会资本，可以实现人际间的频繁接触和交流。知识倾向于在高新技术产业和知识密集型产业聚集，因此知识溢出效应在技术密集型和知识密集型的高新区中表现得更加明显。区域中的显性知识和隐性知识就是通过社会资本这种渠道在区域内传播的，企业因此可以快速获取知识并创造、应用知识，从而提高企业的知识创新能力，最终达到知识创新的效果。因此，本书提出如下作用关系。

H1：在西安高新区中，社会资本与区域中的企业知识创新能力正相关。

H2：在西安高新区中，社会资本可以提高区域中的企业知识创新绩效。

1. 区域外部社会资本

由于知识的创造和传播在许多方面是被地理限制的，公司总部可以通过设在

各地的子公司或地区总部对当地商业网络的嵌入获取稀缺的区域特定知识，并且通过有效的内部流动而获取竞争优势（Andersson and Forsgren，1996；2000），所以，子公司或地区总部知识日益成为跨国公司知识体系的重要来源。内部知识的转移需要子公司之间拥有较高的相互依存关系（如高交易频率），这主要表现为区域外部社会资本。在技术创新不断加快、R&D日益全球化的背景下，区域外部社会资本对企业知识创新能力的提高有着极为重要的作用。

H11：高新区外部社会资本与高新区中的企业知识创新能力正相关。

2. 结构资本

结构资本包括网络密度、网络强度两个方面，以下将分别分析这两个方面与高新区中企业知识创新能力的关系。为了充分说明区域结构资本与高新区中企业知识创新能力的关系，首先需要明确产业区域网络的主要结点。产业区域网络的主要结点包括企业（具有垂直联系的上下游企业和水平联系的既有竞争又有合作的同类型企业）、大学或科研机构、政府等公共部门、公共服务机构等四个方面。

1）网络密度与高新区中企业知识创新能力的关系

网络密度是指网络所包含的主体数量及其连接数。许多研究表明网络结点的个数与多样性对企业获取外部知识具有重要影响（Kieron and Mark，2004）。开放性是企业获得外部信息和创新思想的前提，企业越来越依赖于用户、供应商及其他互补企业或机构的知识，促进自身产品和工艺创新活动。企业外部联系是新思想的主要渠道。区域中企业与供应商、用户、大学及其他机构的广泛接触，以及区域内员工之间频繁的非正式交流，使企业能够获得更多的外部知识，尤其是隐性知识。区域中企业与其他企业或机构除了保持非正式的接触外，还存在联盟或合作关系（Kieron and Mark，2004）。

2）网络强度与知识溢出的关系

强联系是指主体间情感密切或频繁互动所形成的联系，强联系需要长时间的培养，具有较高的互动频率；强联系使得企业相互了解，所知信息相差无几，通过社会关系可以减少交易搜寻成本。强联系保证了企业在创新过程中可以通过其所在的网络结构获得源源不断的相关信息，并使得区域企业创新效率提升（林竞君，2004）。Hansen（1999）认为强联系导致了更多的知识交流，确保一个知识搜寻者充分理解并且能够使用新获得的知识。

隐性知识具有高度的嵌入性，需要通过行为主体之间多次交互式作用后才能够为对方所理解，这意味着隐性知识必须借助强联系才得以传递，因此，强联系会促进企业之间隐性知识的溢出，同时进一步促进知识的创新。根据上述分析提出如下作用关系。

H12：高新技术产业区中，结构资本与高新区中的企业知识创新能力正相关。

3. 关系资本

关系资本主要由网络成员之间的信任程度构成。Peter，Balajikore 和 Seemantini Pathak 使用多元回归方法对中国 14 个城市 215 家企业的调研数据进行实证分析，结果表明信任与交流是企业间知识转移的主要途径（Peter et al.，2002）。信任对网络成员分享知识的意愿具有关键影响。在充满信任的氛围下，网络成员之间可以更加自由地交换知识，因为决策者不会感觉到他们必须防范机会主义行为。随着网络成员信任度的提高，成员之间知识转移的机会就会提高，随着企业之间交往的深入，企业会降低对知识和技能的保护（Inkpen and Tsang，2005）。当网络成员间的关系嵌入在信任中时，企业更愿意分享有用的知识并接受知识溢出给竞争对手的风险。

区域作为一个协作、互惠、互动的网络，关系嵌入性为其带来了网络中的一种重要的社会资本——信任。在高新技术产业开发区中，由于地理邻近所带来的交往便利性，企业间关系往往超越正式的经济契约关系，形成基于友谊与互惠基础上的高度信任关系和紧密社会网络。这种社会网络近乎于一种社区或俱乐部，它具有相对的区域范围与成员限制，因此更易产生内部利益的相对一致性与整合度。企业间的关系越密切，即双方的信任度越高，意味着双方更愿意将各自拥有的知识和信息予以共享。非正式组织网络有利于默会性知识的传导。所以，区域中网络成员之间的高度信任，有利于知识的溢出，进而提高区域内企业的知识创新能力。根据上述分析，提出如下作用关系。

H13：高新技术产业区域中，关系资本与高新区中的企业知识创新能力正相关。

4. 认知资本

认知资本可以用区域中企业之间的共同语言、共同规则及共同目标来表示。以下将分析这三个方面与西安高新区中的企业知识创新能力的关系。

1）共同语言与西安高新区中企业知识创新能力的关系

曲刚和李伯森（2001）认为企业之间之所以能够进行信息交流是因为它们分享共同语言。事实上，只有当网络成员具有相似的语言，更多的知识才能转移。因此，企业共同语言可以表示为一个程度，而企业获取信息的能力与网络成员分享共同语言的程度具有正相关关系。

在西安高新区中，由于地理邻近性和组织接近性，企业、机构及个体之间的频繁接触，可以形成网络成员所熟悉的圈内语言、背景知识和交易规则。Fallah 和 Ibrahim（2004）认为外部知识难以获得的一个重要原因是知识具有社会和文化属性，知识散落在特定的社会和文化环境中，只有特定的社会组织或个体才能理解这种知识。根据上述分析，可以得出如下结论：高新区中，网络成员之间具有共同语言和相似的背景知识；共同语言和相似的背景有利于区域中知识溢出，进一步提高企业的知识创新能力。

2）共同规则与西安高新区中企业知识创新能力的关系

互惠性关系是许多成功产业区域内部的共同规范与准则。在区域内，企业成员更愿意将某些敏感市场信息或技术信息加以传播和共享，进而提高整个区域关系网络的信息承载量（林竞军，2004）。组织生态学者认为，处于同一产业领域的区域企业，经常会强制接受相似的政策（Hannan and Freeman，1977）。知识非正式交换的主要障碍之一是知识溢出者可能会面临来自于知识接受者对其利益的损害。但在区域中这种风险会有所降低，因为在区域中固有的网络规则会降低机会主义行为。

Helmsing（2001）认为在产业区域中知识溢出的一个主要障碍是搭便车行为，使创新者不能独占创新收益，这在某种程度上会损害网络成员的创新积极性，另外，知识溢出接受者的机会主义行为也会影响区域中知识的传递。这种障碍可以通过区域中固有的标准或规则得到缓解，这种标准和规则会使网络成员的机会主义行为得到严厉的社会惩罚。这种标准和规则主要指企业行为的潜规则。Nahapiet 和 Ghoshal（1998）指出交易规则是社会网络成员的行为规范。Larson（1992）研究创业企业与供应商和用户的关系，表明互惠的原则使企业可以自由地分享信息，分担风险和创新。

根据上述分析，可以得出如下结论：在西安高新区中，网络成员之间会形成共同的规范和交易准则；共同的规范和交易准则有利于网络成员间的知识溢出，既包括显性知识溢出，也包括隐性知识溢出，这会进一步提高企业的知识创新能力。

3）共同目标与西安高新区中企业知识创新能力的关系

从网络成员的共同目标看，集聚效应是产业区域竞争优势的来源，处于西安高新区中的企业能够充分享受这种集聚效应，但只有在区域良性发展的前提下，集聚效应才能产生。因此，在产业区域中，企业具有共同的目标，即为了应对日益激烈的市场竞争，为了克服技术创新的高复杂性和高风险性，为了充分发挥区域的集聚效应，企业会自觉维护区域的名誉，积极建立区域的品牌效应。企业之间形成既竞争又合作的关系，企业和机构之间分工合理、共享资源、互惠合作，共同促进区域的健康发展。

此外，企业也应该意识到，在西安高新区中，经济、文化及技术资源的综合作用能够促进新知识的产生和创造。Tsai 和 Ghoshal（1998）使用共同愿景

(shared vision) 来表示这种共同目标，它体现了网络成员的集体目标和抱负。当网络成员具有共同愿景的时候，就会增加成员之间互动的积极性，这样可以促进知识与信息的交换。因此，共同愿景可以看做是网络成员之间进行知识整合的黏合剂。Helmsing (2001) 认为如果区域中企业能够形成这种交互作用的逻辑，企业之间知识共享的程度就会提高。Uzzi (1997) 认为这种逻辑的形成有赖于企业的共同信仰，即新价值的创造来自于企业间的合作与知识的共享，通过企业合作共同解决问题，能够促进企业知识创新能力的提高。因此，区域中网络成员的共同目标能够促进西安高新区中的知识溢出，进一步提西安高新区内企业的知识创新能力。

根据上述分析，提出如下作用关系。

H14：在西安高新区中，认知资本与西安高新区中的企业知识创新能力正相关。

(二) 区域基础环境与西安高新区企业知识创新能力、创新绩效的关系假设

区域创新、知识及学习发展战略影响本地企业创新和学习能力，区域基础环境是企业获取竞争力的重要基础。

根据前面的文献可以知道，西安高新区中的企业在进行知识创新的过程中需要一种知识交流的环境，即 Nonaka 所提到的场理论。从企业角度来看，企业管理者必须提供必要的组织条件以强化“场”(Ba)，这些常规性的知识资产对高新区中的企业知识创新能力有较大的影响，会促进或阻碍知识创新的开展。

超越组织范围来看，从区域角度，也同样存在着一个场环境，这主要包括区域的战略资源、政府政策、区域文化等。从知识的情境嵌入型来看，区域这样一个大的场对区域企业的知识创新有很大的影响。一个区域内知识存量的多少，直接决定着区域内企业的知识创新程度。对于以西安高新区为特征的总部经济类型而言，在区域内蕴涵着大量的新思想、新想法，这直接会激发企业的创新行为，进而提高企业的知识创新能力，最终影响企业的知识创新绩效。故提出作用关系如下。

H3：区域基础环境与西安高新区中的企业知识创新能力正相关。

H4：区域基础环境对西安高新区的知识创新绩效有影响。

Feldman (1994) 就认为区域创造力与区域外部性技术资源的供给高度相关，如密集的产业与大学研究开发、聚集的相关产业厂商，以及完善的生产者服务网络，都能形成良好的创新环境。因此，创新活动大多是各种资源、知识、投入要素及区域创新环境等组合的产物，而不是一些个别厂商的活动，地区基础设

施强化了潜在的创新。

总部集群毕竟是产业集群的一种高端形态，对一个城市的经济、人才、金融、基础设施状况要求较高。总部经济带来的一大好处就是吸引了更多的资源要素，如技术知识、需求信息、经营经验、金融支持机构、高级人才等。这些要素既有编码化的知识，又有默会知识。高新区内的企业可以通过知识外溢性来获得与本企业相关的战略资源，这就大大降低了企业的创新成本，提高了企业的知识创新能力。因此，提出作用关系如下。

H31：战略资源与西安高新区中的企业知识创新能力正相关。

区域政府和其相关机构在激活区域创新系统、刺激学习过程方面起着重要作用。区域政府提供了核心的激励物，导致向学习型区域的转型。

美国学者 Khalil 和 Garcia-Arreolay 在进行有关国家竞争力的研究调查中指出，美国政府应该致力于完善科技管理制度、加强工程教育、改善技术移转、给予研发投资税赋优惠、鼓励企业合作研究、资助大学研究、增加风险投资产业规模、改善中小学教育、促进劳资和谐、鼓励产学合作与创业育成等 10 项政策，以提升美国产业的国际竞争力（刘常勇，2004）。

另外，中国的大量事例表明，政府对某个产业的政策性倾向，会导致相关技术产业的企业在某一区域集群，形成创新的衍生和扩散现象。刘筱等以深圳为例讨论了这种政府力量及其治理模式的重要性（刘筱等，2006）。

政府作为技术创新的引导者和维护者，应具有制定政策、制度和规划，提供共性技术和设施的功能。区域政策的制定必须有利于学习过程的发生，促使企业本地化，政府应适时调整制度框架，为本地知识的创造与扩散提供条件等。因此，提出作用关系如下。

H32：政策激励与西安高新区中的企业知识创新能力正相关。

每个区域都有一种文化，不管区域创新能力的强弱，文化在整个区域中有着深刻的影响。Forida（1995）提出了学习型区域概念。他认为，学习型区域塑造了一种良好的文化氛围，完成了对知识和想法进行收集和储存的功能，提供了一个基本的环境或基础设施，方便了信息与主意的流动和学习。区域学习是区域内创新参与者之间的汇集学习过程，这种汇集学习过程不是个体学习的简单叠加，而是创新参与者之间在交互学习过程中而产生的协同效应，汇集学习促进了知识的快速扩散（刘希宋等，2002）。

Aydalot 和 David（1988）认为，本地环境（主要是指社会人文环境）作为创新的“温床”或孵化器，对创新的产生具有决定性作用。因此，提出作用关系如下。

H33：区域文化与西安高新区中的企业知识创新能力正相关。

（三）西安高新区企业知识创新能力与创新绩效的关系假设

Kim（1998）认为企业知识创新能力能够提高企业的创新速度、创新频率及创新强度，反过来，企业创新产生的知识又会成为企业获取能力的一部分。Lee和Choi（2003）检验了知识管理促成要素与知识创造过程和企业绩效之间的关系，在该研究中，引入了企业的创造能力作为中间变量，研究表明知识创造与组织创造力显著正相关，创造力与组织绩效正相关。

韩维贺检验了知识管理过程、平台与企业绩效之间的关系，研究中，引入了知识管理能力作为中间变量，研究表明，知识管理能力直接影响企业绩效的变化，两者具有正相关关系。由上述分析提出作用关系。

H5：西安高新区中的企业知识创新能力与创新绩效正相关。

随着企业之间的竞争日益激烈，很多管理者越来越深刻地认识到，企业的知识创造和知识利用能力是形成企业竞争优势的主要来源（Prahalad and Hamel，1990）。企业的知识观认为，组织知识管理的目标是鼓励个人知识的有效运用（Sarin and McDermott，2003），因为企业竞争优势的来源在于知识应用而不是知识本身（Grant，1996），只有将知识应用到企业的产品和服务的开发或其他问题的解决过程中，才能为企业带来竞争优势。

知识创造能力的提升会促进企业吸收与消化外部的新知识，进而促进知识存量的增加，在此过程中蕴涵着不同的新知识新技术，会促进创新行为的产生与开展。企业将已有的存量知识进行转化利用，开展创新活动，既有助于创新绩效的提高，也会进一步提升其自身的知识应用能力，外部获取的新思路、新想法也会得到更高效率的转化与吸收。

Zahra和George（2002）认为具有较高知识创造能力的企业更容易保持竞争优势，与知识创造能力较差的企业相比，它们能够获得更多的外部知识，而具有较高知识应用能力的企业更容易将外部知识转化为企业创新产出，从而取得竞争优势。故提出作用关系如下。

H51：西安高新区中的企业知识创造能力与创新绩效正相关。

H52：西安高新区中的企业知识应用能力与创新绩效正相关。

（四）模型的提出

根据以上作用关系提出的知识创新系统作用模型如图8-10所示。

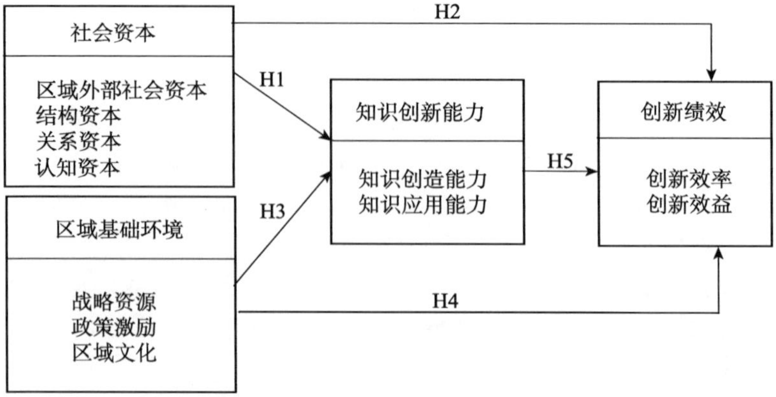

图 8-10　基于总部经济的西安高新区知识创新系统作用模型

三、调查研究过程

（一）调查目的

本次调查旨在了解基于总部经济的西安高新区知识创新的实施现状，西安高新区发展总部经济的各要素与知识创新的相关关系，验证区域知识创新的影响因素模型，以期对发展西安高新区总部经济、改进和加强高新技术企业及高新区的知识管理工作、提高企业的竞争力、加速西安高新区的发展、打造中国科技创新中心、建设世界一流科技园区产生重要的现实意义。

（二）样本选择

本次调查的样本选择范围仅限于西安高新区。根据本调查目的，本次问卷的调查对象是西安高新区具有总部特征的企业。调查表的填写人员是这些企业中了解技术和企业经营基本情况的中高层管理人员（如总经理、副总经理、研发与营销部门负责人、部门经理、项目经理、主管等）、技术人员、研发人员等。对于西安高新区而言，目前重点发展的几大行业为电子信息、先进制造、生物医药、现代服务、新材料、新能源。因此，本研究首先根据西安高新区管委会所掌握的企业名单，在各重点发展行业领域中随机选择一部分企业进行问卷发放，因而具有比较广泛的代表性。

(三) 问卷设计和调查项目

1. 问卷设计

问卷的设计参考了国内外一些较为成功的问卷调查设计形式，力求围绕研究问题和假设进行问卷设计，并充分考虑到受调查者的不同知识背景和层次，以及受调查者工作较为繁忙的情况，因此调查问卷尽可能设计得简明扼要、浅显易懂，并尽可能减少问卷填写时的麻烦。

2. 问卷调查

为了验证研究模型的有效性，对每一个要素都采用多项测量。多项测量可以使变量的测量结果更为可靠，提高被测项目的可信度（张克英，2007）。根据本调查目的和所调查对象的情况，设计出知识创新中各要素调查问卷表，主要包括企业基本情况和知识创新相关的4个量表，分别调查企业的基本情况、知识创新能力、知识创新影响因素与知识创新绩效等问题。该问卷调查选择的尺度设计是李克特（Likert）量表，其形式是5分法，即给出一个命题，要求调查对象表明态度，判分如下：1为完全不同意；2为不同意；3为一般；4为较同意；5为完全同意。

(四) 问卷发放与回收

为了确保大规模发放问卷的顺利进行，首先邀请10余位企业界人士进行小范围试填，包括中高层管理者和技术、研发人员等。在他们对问卷内容反馈的基础上进一步修改问卷，最后确定问卷的最终稿。对每个企业的调查可由一人，也可以由多人分别填写。问卷的发放和回收主要采用电子邮件和现场填写回收两种方式。为保证足够的样本量，问卷回收中通过电话、电子邮件进行了联系，提醒问卷填写人尽快返回问卷。

四、知识创新系统统计结果分析

(一) 样本分布特征

本次调查共回收问卷106份，经过对回收问卷的检查和审核，包括逻辑审查和技术审核，发现有3份问卷不符合规定要求，另有2份问卷回答不完整。最后得到有效问卷101份，涉及企业90家。问卷有效率为95%。

本次调查的样本主要分布在电子信息行业，生物医药行业，先进制造行业，新材料、新能源行业，现代服务业5个行业。其中，电子信息行业占61.4%，生物医药行业占4%，先进制造行业占9.9%，新材料、新能源行业占7.9%，现代服务业占16.8%。

据统计，这些样本总部企业所处的生命周期主要处于发展期和成熟期。其所从事的最主要价值活动是研发和营销，占到84.2%。大多数企业在高新区设立总部企业在于寻求知识、人才、技术、经营经验等战略性资产，这一比例占到49.5%。其次就是寻求市场，占到14.9%，维护和提高区域品牌形象占到13.9%，降低成本占到11.9%，全球（国）战略部署占到9.9%。

（二）结构效度分析

本书的核心观点是西安高新区发展总部经济的各要素与知识创新的相关关系，即知识创新能力对创新绩效有正向支持作用，同时社会资本和区域创新基础能力对知识创新能力有影响。因此，本书对所作调查获得的51个变量数据作因子分析，获取有意义的综合因子是本研究进行相关分析的关键；同时，所得因子也为后续的路径分析提供了基本数据。

因子分析是一种用来分析决定某些变量的本质及其分类的一种统计方法，也是检验结构效度的最强有力工具之一（Kerlinger，1986）。在因子分析前，应该检验量表中项目间的相关性。检验相关性的方法主要有KMO样本测度（Kaiser-Meyer-Olkin Mesaure of Sampling Adequacy）和巴特利特球形检验（Bartlett Test of Sphericity，BTS）（马庆国，2002）。KMO样本测度用来检验变量间的偏相关是否很小，其值越接近于1表明越适合进行因子分析检验；巴特利特球形检验是用来检验相关阵是否为单位阵，用以反映因子模型是否为不适宜的。

通过对整个调查问卷分析得出：样本选择适当性KMO值为0.787；巴特利特球形检验值为0.000，均通过了结构效度检验。这说明问卷的效度良好，具体4个量表情况如表8-2所示。

表8-2 样本选取适当性值KMO和巴特利特球形检验

样本选择适当性KMO值		0.787
巴特利特球形检验	近似方差	4.330
	自由度	1275
	显著性	0.000

1. 区域中的企业知识创新能力量表结构效度分析

对于区域中的企业知识创新能力量表，其样本选择适当性值为0.843，巴特利特球形检验值为0.000，提取了2个主成分，F_1 和 F_2 分别概括为知识应用能力和知识创造能力，其特征值分别为4.561和3.858，累计解释变异量百分比为60.137%。各项目的因子载荷量如表8-3所示。

表8-3 区域中的企业知识创新能力量表结构效度检验表

题项	F_1	F_2	样本选取适当性KMO	巴特利特球形检验值
KI1		0.879	0.843	0.000
KI2		0.803		
KI3		0.686		
KI4		0.535		
KI5		0.651		
KI6		0.555		
KI7		0.738		
KI8	0.824			
KI9	0.799			
KI10	0.751			
KI11	0.725			
KI12	0.655			
KI13	0.679			
KI14	0.738			
特征值	4.561	3.858		
变异数的百分比/%	32.582	27.555		
累计百分比/%	60.137			

2. 区域中的社会资本量表的结构效度分析

对于社会资本量表，其KMO值为0.784，巴特利特球形检验值为0.000，提取了4个主成分，F_3、F_4、F_5、F_6 分别表征为结构资本、区域外部社会资本、关系资本、认知资本，其特征值分别为3.427、3.308、2.189、1.989，累计解释变异量百分比为68.212%。各项目的因子载荷量如表8-4所示。

表8-4 社会资本量表结构效度检验表

题项	F_3	F_4	F_5	F_6	样本选取适当性	巴特利特球形检验值
SC1	0.663				0.784	0.000
SC2	0.758					

续表

题项	F_3	F_4	F_5	F_6	样本选取适当性	巴特利特球形检验值
SC3	0.796					
SC4	0.836					
SC5	0.726					
SC6			0.786			
SC7			0.843			
SC8			0.753			
SC9				0.435		
SC10				0.830		
SC11				0.721		
SC12				0.373		
SC13		0.733				
SC14		0.897				
SC15		0.912				
SC16		0.785				
特征值	3.427	3.308	2.189	1.989		
变异数的百分比/%	21.417	20.678	13.683	12.434		
累计百分比/%	68.212					

3. 区域基础环境量表的结构效度分析

对于区域基础环境量表，其 KMO 值为 0.850，巴特利特球形检验值为 0.000，提取了 3 个主成分，F_7、F_8、F_9 分别表征为战略资源、政策激励、区域文化，其特征值分别为 4.673、3.073、2.679，累计解释变异量百分比为 69.512%。各项目的因子载荷量如表 8-5 所示。

表 8-5 区域基础环境量表结构效度检验表

题项	F_7	F_8	F_9	样本选取适当性 KMO	巴特利特球形检验值
BC1		0.821		0.850	0.000
BC2		0.894			
BC3		0.773			
BC4		0.677			

续表

题项	F_7	F_8	F_9	样本选取适当性 KMO	巴特利特球形检验值
BC5	0.667				
BC6	0.722				
BC7	0.731				
BC8	0.786				
BC9	0.757				
BC10	0.735				
BC11	0.634				
BC12	0.738				
BC13			0.783		
BC14			0.818		
BC15			0.878		
特征值	4.673	3.073	2.679		
变异数的百分比/%	31.150	20.487	17.875		
累计百分比/%	69.512				

4. 区域中的企业知识创新绩效量表的结构效度分析

对于区域中的企业知识创新绩效量表，其样本选取适当性 KMO 值为 0.766，巴特利特球形检验值为 0.000，提取了 2 个主成分，F_{10}、F_{11} 分别表征为创新效率、创新效益，其特征值分别为 2.589、2.292，累计解释变异量百分比为 81.351%。各项目的因子载荷量如表 8-6 所示。

表 8-6 创新绩效量表结构效度检验表

题项	F_{10}	F_{11}	样本选取适当性 KMO	巴特利特球形检验值
IP1	0.916		0.766	0.000
IP2	0.888			
IP3	0.796			
IP4		0.692		
IP5		0.912		
IP6		0.925		
特征值	2.589	2.292		
变异数的百分比/%	43.158	38.193		
累计百分比/%	81.351			

（三）信度分析

本小节对问卷调查中的指标信度进行统计分析。问卷的信度是考察问卷测量的可靠性，它是指测量所得结果内部一致性的程度。信度分析采用克隆巴赫的一致性系数（α 系数）计算方法，并通过相关系数变动度、α 系数变动度对指标信度进行深入分析（王重鸣，1990）。

学者 Devellis（1991）也提出以下观点，α 系数值在 0.65 以下最好不要；α 系数值界于 0.65～0.70 是最小可接受值；α 系数值界于 0.70～0.80 相当好；α 系数值界于 0.80～0.90 非常好。具体分析结果如表 8-7 所示。由表可以看出，各量表的一致性检验系数均在 0.7 以上，因此各指标能够很一致地反映各量表的特征。

表 8-7　各量表信度分析

研究层面	测量变量	指标题数	克隆巴赫	α 系数值
社会资本	结构资本	5	0.840	0.825
	认知资本	4	0.713	
	关系资本	3	0.743	
	区域外社会资本	4	0.872	
区域基础环境	战略资源	8	0.906	0.919
	政策激励	4	0.880	
	区域文化	3	0.837	
知识创新能力	知识创造能力	7	0.872	0.911
	知识应用能力	7	0.889	
创新绩效	创新效率	3	0.873	0.867
	创新效益	3	0.870	
总信度		51	0.952	

（四）调查问卷的基本情况

本次调查问卷共有 4 个分量表：知识创新能力分量表、社会资本分量表、区域基础环境分量表、创新绩效分量表。量表描述统计如表 8-8 所示。

表 8-8 各量表的描述性分析

测量变量	样本数	最小值	最大值	均值	标准差
知识创造能力	101	2.29	5.00	4.052 3	0.669 97
知识应用能力	101	1.43	5.00	3.728 4	0.703 49
知识创新能力	101	2.14	5.00	3.890 4	0.611 84
结构资本	101	1.00	5.00	3.291 1	0.798 76
关系资本	101	1.33	4.67	2.693 1	0.800 95
认知资本	101	1.75	5.00	3.398 5	0.618 65
区域外社会资本	101	1.75	5.00	3.915 8	0.788 41
社会资本	101	1.50	4.94	3.362 0	0.498 93
政策激励	101	1.25	5.00	3.594 1	0.841 02
战略资源	101	1.62	5.00	3.502 5	0.727 58
区域文化	101	2.00	5.00	3.742 6	0.703 77
区域基础环境	101	1.93	5.00	3.574 9	0.634 41
创新效率	101	1.33	5.00	3.643 6	0.887 26
创新效益	101	1.00	5.00	3.650 2	0.818 37
创新绩效	101	1.50	5.00	3.646 9	0.741 35
有效样本数	101				

（五）相关分析

本部分将着重对社会资本、区域基础环境、知识创新能力与创新绩效之间的相关关系进行分析，最后根据两层相关关系分析结果调整前文所提出的基于总部经济的西安高新区知识创新系统作用模型。

1. 社会资本、区域基础环境、知识创新能力与创新绩效四个层面的相关性

由表 8-9 可以看出：社会资本、区域基础环境、知识创新能力与创新绩效之间存在正相关关系，而且全部通过 0.01 水平的检验。

表 8-9 社会资本、区域基础环境、知识创新能力与创新绩效四个层面的相关关系表

测量变量		区域基础环境	社会资本	知识创新能力	创新绩效
区域基础环境	皮尔逊相关	1	0.687**	0.586**	0.599**
	双边显著性		0.000	0.000	0.000

续表

测量变量		区域基础环境	社会资本	知识创新能力	创新绩效
社会资本	皮尔逊相关	0.687**	1	0.565**	0.516**
	双边显著性	0.000		0.000	0.000
知识创新能力	皮尔逊相关	0.586**	0.565**	1	0.659**
	双边显著性	0.000	0.000		0.000
创新绩效	皮尔逊相关	0.599**	0.516**	0.659**	1
	双边显著性	0.000	0.000	0.000	

** 表示相关性的显著性为双边 0.01 水平

2. 社会资本与知识创新能力之间的相关性

由表 8-10 可以看出：高新区内的企业知识创造能力与结构资本、认知资本、区域外社会资本显著正相关，与关系资本显著负相关。高新区内的企业知识应用能力与结构资本、认知资本、区域外社会资本之间显著正相关，与关系资本没有关系。

表 8-10 社会资本与知识创新能力相关关系表

测量变量		知识创造能力	知识应用能力	结构资本	关系资本	认知资本	区域外社会资本
知识创造能力	皮尔逊相关	1	0.587**	0.347**	−0.280**	0.331**	0.328**
知识应用能力	皮尔逊相关	0.587**	1	0.604**	−0.078	0.579**	0.555**
结构资本	皮尔逊相关	0.347**	0.604**	1	0.065	0.548**	0.279**
关系资本	皮尔逊相关	−0.280**	−0.078	0.065	1	0.150	−0.148
认知资本	皮尔逊相关	0.331**	0.579**	0.548**	0.150	1	0.467**
区域外社会资本	皮尔逊相关	0.328**	0.555**	0.279**	−0.148	0.467**	1

** 表示相关性的显著性为双边 0.01 水平

3. 区域基础环境与知识创新能力之间的关系

由表 8-11 可以看出：高新区内的企业知识创造能力与知识应用能力、政策激励、战略资源、区域文化之间显著正相关，全部通过 0.01 水平的检验。

表 8-11 区域基础环境与知识创新能力相关关系表

测量变量		知识创造能力	知识应用能力	政策激励	战略资源	区域文化
知识创造能力	皮尔逊相关	1	0.587**	0.302**	0.383**	0.318**
知识应用能力	皮尔逊相关	0.587**	1	0.523**	0.590**	0.365**
政策激励	皮尔逊相关	0.302**	0.523**	1	0.616**	0.407**
战略资源	皮尔逊相关	0.383**	0.590**	0.616**	1	0.448**
区域文化	皮尔逊相关	0.318**	0.365**	0.407**	0.448**	1

** 表示相关性的显著性为双边 0.01 水平

4. 知识创新能力与创新绩效之间的关系

由表 8-12 可以看出：高新区内的企业知识创造能力、知识应用能力与创新效率和创新效益之间显著正相关，全部通过 0.01 水平的检验。

表 8-12 知识创新能力与创新绩效相关关系表

测量变量		知识创造能力	知识应用能力	创新效率	创新效益
知识创造能力	皮尔逊相关	1	0.587**	0.541**	0.369**
知识应用能力	皮尔逊相关	0.587**	1	0.566**	0.552**
创新效率	皮尔逊相关	0.541**	0.566**	1	0.511**
创新效益	皮尔逊相关	0.369**	0.552**	0.511**	1

** 表示相关性的显著性为双边 0.01 水平

5. 社会资本与创新绩效之间的关系

由表 8-13 可以看出：结构资本、认知资本、区域外社会资本与高新区内的企业创新效率、创新效益显著正相关，全部通过 0.01 水平的检验。但是关系资本与创新效率、创新效益之间不相关。

表 8-13 社会资本与创新绩效相关关系表

测量变量		结构资本	关系资本	认知资本	区域外社会资本	创新效率	创新效益
结构资本	皮尔逊相关	1	0.065	0.548**	0.279**	0.397**	0.351**
	双边显著性		0.519	0.000	0.005	0.000	0.000
关系资本	皮尔逊相关	0.065	1	0.150	−0.148	−0.079	−0.037
	双边显著性	0.519		0.134	0.139	0.433	0.716
认知资本	皮尔逊相关	0.548**	0.150	1	0.467**	0.530**	0.377**
	双边显著性	0.000	0.134		0.000	0.000	0.000

续表

测量变量		结构资本	关系资本	认知资本	区域外社会资本	创新效率	创新效益
区域外社会资本	皮尔逊相关	0.279**	−0.148	0.467**	1	0.455**	0.232*
	双边显著性	0.005	0.139	0.000		0.000	0.020
创新效率	皮尔逊相关	0.397**	−0.079	0.530**	0.455**	1	0.511**
	双边显著性	0.000	0.433	0.000	0.000		0.000
创新效益	皮尔逊相关	0.351**	−0.037	0.377**	0.232*	0.511**	1
	双边显著性	0.000	0.716	0.000	0.020	0.000	

** 表示相关性的显著性为双边 0.01 水平
* 表示相关性的显著性为双边 0.05 水平

6. 区域基础环境与创新绩效之间的关系

由表 8-14 可以看出：高新区政府政策激励、战略资源、区域文化与创新效率、创新效益之间显著正相关，全部通过 0.01 水平的检验。

表 8-14 区域基础环境与创新绩效相关关系表

测量变量		政策激励	战略资源	区域文化	创新效率	创新效益
政策激励	皮尔逊相关	1	0.616**	0.407**	0.608**	0.401**
	双边显著性		0.000	0.000	0.000	0.000
战略资源	皮尔逊相关	0.616**	1	0.448**	0.423**	0.413**
	双边显著性	0.000		0.000	0.000	0.000
区域文化	皮尔逊相关	0.407**	0.448**	1	0.337**	0.432**
	双边显著性	0.000	0.000		0.001	0.000
创新效率	皮尔逊相关	0.608**	0.423**	0.337**	1	0.511**
	双边显著性	0.000	0.000	0.001		0.000
创新效益	皮尔逊相关	0.401**	0.413**	0.432**	0.511**	1
	双边显著性	0.000	0.000	0.000	0.000	

** 表示相关性的显著性为双边 0.01 水平

通过上述分析，可以看到除了关系资本与知识应用能力之间相关性不高外，其他均通过检验。因此，我们认为基于总部经济的西安高新区知识创新能力研究模型具有较强的合理性。但是这些变量之间是否有因果关系，则需要通过后面的路径分析进行验证。

（六）路径分析

由前文可知，对社会资本、区域基础环境、知识创新能力及创新绩效这四个层面之间的因果关系影响路径共有五条。其中，社会资本对创新绩效的影响路径有两条：一为社会资本直接影响创新绩效，此为直接效果；二为以知识创新能力为中介变量而影响创新绩效。区域基础环境对创新绩效的影响路径有两条：一为区域基础环境对创新绩效的直接影响；二为以知识创新能力为中介变量而影响创新绩效。知识创新能力直接影响创新绩效，此为直接效果。

通过复回归分析得到社会资本、区域基础环境与知识创新能力之间的路径系数如表 8-15 所示。

表 8-15 社会资本、区域基础环境与知识创新能力之间的路径分析

	非标准化的相关系数		标准化相关系数	T 值	显著性	共线性统计	
	B	标准差	B			容忍度	方差膨胀因子
社会资本	0.378	0.133	0.308	2.847	0.005	0.527	1.896
区域基础环境	0.360	0.104	0.374	3.450	0.001	0.527	1.896

注：因变量为知识创新能力

通过强制回归分析（enter）得出社会资本、区域基础环境、知识创新能力与创新绩效之间的路径系数，如表 8-16 所示。

表 8-16 社会资本、区域基础环境、知识创新能力与创新绩效之间的路径分析

	非标准化的相关系数		标准化相关系数	T 值	显著性	共线性统计	
	B	标准差	B			容忍度	方差膨胀因子
社会资本	0.087	0.152	0.058	0.569	0.571	0.487	2.053
区域基础环境	0.342	0.122	0.293	2.811	0.006	0.470	2.126
知识创新能力	0.550	0.111	0.454	4.950	0.000	0.607	1.648

注：因变量为创新绩效

由上述分析，可以得出社会资本、区域基础环境、知识创新能力与创新绩效之间存在着 4 条显著路径，这就验证了前文所提出的概念模型并对其进行了检验与修正，如图 8-11 所示。

为了进一步分析社会资本、区域基础环境各维度与知识创新能力之间的关系，以及知识创新能力两个维度与创新绩效之间的关系，也作了路径分析，并得出相应的路径系数。从表 8-17、表 8-18、表 8-19 中可以看出，各个解释变量的方差膨胀因子（VIF）值远小于 10，因此这些解释变量之间不存在共线性问题。

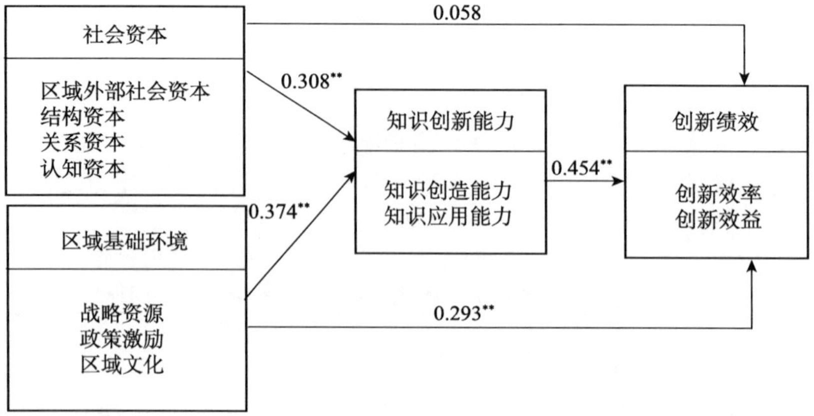

图 8-11 基于总部经济的西安高新区知识创新能力路径图

表 8-17 社会资本各维度与知识创新能力之间的路径分析

	路径系数	显著性	容忍度	方差膨胀因子	结果
结构资本	0.352	0.000	0.699	1.431	支持
关系资本	−0.218	0.006	0.916	1.091	拒绝
认知资本	0.233	0.020	0.563	1.778	支持
区域外社会资本	0.260	0.003	0.733	1.364	支持

注：因变量为知识创新能力

表 8-18 区域基础环境各维度与知识创新能力之间的路径分析

	路径系数	显著性	容忍度	方差膨胀因子	结果
战略资源	0.376	0.001	0.574	1.741	支持
政策激励	0.176	0.101	0.599	1.668	拒绝
区域文化	0.144	0.128	0.771	1.296	拒绝

注：因变量为知识创新能力

表 8-19 知识创新能力各维度与创新绩效之间的路径分析

	路径系数	显著性	容忍度	方差膨胀因子	结果
知识创造能力	0.228	0.015	0.655	1.527	支持
知识应用能力	0.509	0.000	0.655	1.527	支持

注：因变量为创新绩效

由表 8-17、表 8-18、表 8-19 分析可以得出以下结论。

1. 结构资本、认知资本、区域外社会资本与知识创新能力之间存在显著正向相关关系

其中，结构资本对知识创新能力的影响关系所对应的路径系数为0.352（满足$P<0.01$），认知资本对知识创新能力的影响关系所对应的路径系数为0.233（满足$P<0.05$），区域外社会资本对知识创新能力的影响关系所对应的路径系数为0.260（满足$P<0.01$）。关系资本与知识创新能力之间存在负向相关关系，其路径系数为-0.218（满足$P<0.01$）。这就验证了前文所提到的H11、H12和H14。尽管关系资本与知识创新能力之间的负相关关系显著，但是与H13所提到的正相关关系不符，因此拒绝H13。

2. 战略资源与知识创新能力之间存在显著正向相关关系

其路径系数为0.376（满足$P<0.01$），因此接受H31；政策激励、区域文化与知识创新能力之间不存在显著的相关关系，因此拒绝H32和H33。

3. 知识创造能力、知识应用能力与创新绩效之间存在显著正向相关关系

其中，知识创造能力对创新绩效的影响关系所对应的路径系数为0.228（满足$P<0.05$），知识应用能力对创新绩效的影响关系所对应的路径系数为0.509（满足$P<0.01$），因此，接受H51和H52。

通过以上作用关系验证的结果，从实践角度看，西安高新区企业应该不断提高自身的知识创新能力。企业知识创新能力的形成不仅受先验知识的存量与内涵、研发投入的程度、学习强度与学习方法、组织的学习机制等内在因素的影响，还要受外在环境的影响，有时这种环境的影响通常是企业所不能控制和左右的。政府应该尽量发挥协调、控制作用，尽量改善区域基础环境，使环境对企业知识创新能力产生正影响；企业应该致力于自身知识创造能力和知识应用能力的提高。

区域知识创新能力较理想的状态是区域中企业普遍具有较强的知识基础，技术处于前沿水平，高技术人力资源丰富，企业创新活动较多；集群内企业与各类知识源之间具有较强的联系，具有稠密的知识网络系统；集群内企业与外部知识源联系较多，很多企业充当“技术看门人”角色。显然，区域的知识创新能力主要取决于单个企业的知识创新能力，但也与区域内部及外部网络联系有关。这种整体上的协调和把握，通常是集群中的中小企业难以做到的，主要依赖于区域中的大企业及政府机构的协调作用。

此外，区域中企业与机构之间独特的社会网络对知识溢出的传递具有重要作用，这主要表现为社会资本对知识创新的影响。因此，要培养企业的集群意识，

实现集群中企业及机构之间的竞争、合作、互补机制，实现企业及机构的双赢发展，从而提高区域的竞争力。

第四节　实证结果进一步分析

本章主要结合西安高新区总部经济发展实践，提出了高新区社会资本、区域基础环境、知识创新能力与创新绩效之间关系的作用模型，对要素与要素之间的内在作用关系进行了实证分析。通过理论研究和实证检验，充分肯定了社会资本与区域基础环境对知识创新的重要作用，特别是社会资本对知识创新具有重要的促进作用。因此，培育和构建区域社会资本、区域基础环境，促进知识溢出、提高区域企业的知识创新能力，进而提高区域的创新绩效，已成为高新技术开发区中企业和政府需要共同解决的问题。

从企业的角度看，应该做到以下几点。

1. 在产业链中合理定位，扬长避短

截至2008年，西安高新区已经培育出五大优势产业集群，而产业集群的最重要特征是产业分工协作关系和由地理上高度密集导致的产业互动关系。企业应对自己在这个产业价值链中处于什么位置有一个合理定位，从而促进整个集群内部产品结构优化。只有集群中企业进行合理分工，集群才能构筑良好的社会资本。企业要根据自身的实际情况定位在有优势的产业链上，充分发挥自身的长处，避免因过分求全而分散精力。

2. 塑造诚信

研究结果表明，企业间信任对知识创新能力的提高存在反向关系，这主要是由于西安高新区企业之间信任度比较低。因此，企业不但要培育区域网络成员之间的信任关系，在企业内部也要塑造一种诚信的文化。区域参与者之间的信任有利于减少交易成本，防范投机行为，而企业内部的信任文化，有利于促进人际间的沟通，强化员工对组织目标的认同，提升组织的凝聚力，提高组织效能。

3. 加强网络联系

研究结果表明，区域中网络联系的密度与强度对知识创新具有重要的作用。因此，企业应该在区域中开展广泛的交流与合作，建立与竞争企业、供应商、用户、当地大学及科研机构、中介机构、政府之间更广泛、更紧密的社会联系，尤其是要依托当地大学及科研机构的科研实力。在硅谷，大学与研究机构不但培养

出其发展所需的大批人才，也创造出了有待商品化的大量技术，因此，大学与研究机构是硅谷创新型网络资本成长的营养基。另外，应加强与区域外企业、供应商、用户、外地大学及科研机构之间的联系，同时，注意对专利出版物、专业杂志、互联网及新闻媒体的利用，这些都是企业获取行业新技术、新专利的有效途径。

从政府的角度看，应该做到以下几点。

1. 推进网络中介的建立

虽然从理论角度看，企业和机构自身应该具有组建区域创新网络的动力，并通过创新网络形成良性的运作机制，从而形成区域的凝聚经济效益。但在我国高技术产业区域中，单独依靠区域中企业和机构本身还无法形成这种良性运作机制。因为我国大多数高技术产业开发区是以自上而下的方式形成的，且形成时间较短，对政府依赖性很强，区域自组织能力差，没有长远发展潜力。因此，政府必须完成角色的转变，逐渐推进区域的市场化运作。

本书认为建立网络中介是实现区域市场化运作的重要手段。政府可以通过建立网络中介，推进区域企业和机构之间网络关系的建立，对不同类型网络成员之间的关系应建立不同的网络中介。例如，可以通过建立行业协会或商会，加强企业之间的联系。会员通过正式的组织参与，可以结识更多的合作者，扩展非正式的社会网络，同时能够建立行规行约，约束企业行为，避免无序竞争，这使得行业协会或商会成为行业内信任机制建立的组织者和推动者。网络中介可以是营利性的，也可以是非营利性的。通过建立这些网络中介，区域可以逐渐摆脱对政府的依赖，建立良性的市场化运作机制。

2. 产业政策指导激励，实现产业链的合理布局

在区域产业结构中，企业可能因为“目光局限”或“条件限制”而无法在产业链中合理定位，导致盲从或跟风，容易引起区域的恶性竞争，也不利于形成区域的专业化经济。政府政策能够起到重要的引导激励作用，政府应遵循产业发展经济规律，制定出相应的产业区域发展战略，引导企业调整产品结构，进而优化产业结构，提升整个区域的产业竞争力。例如，可以通过项目审批发挥产业导向功能，使投资合理化，对那些有前途的项目要给予大力支持；对某些项目进行政策把关，避免重复引进、盲目投资等现象。

3. 建立产业区域信息平台，推进区域成员之间及与区域外部的合作

政府应该建立产业区域信息交流平台，对内，引入行业发展最新信息及需求信息，对外，对产业区域进行大力宣传，建立区域的品牌形象。通过举办定期交

流及宣传推介活动，使区域中企业和机构有更多交流和接触的机会。另外，为了解决区域技术能力提升的问题，应推进区域成员与外部机构之间的合作。

除了要构筑良好的社会资本外，还要采取以下措施促进区域内部的知识溢出，增强区域内部知识存量，从而使企业能够获得更多的战略资源。

1）加强非正式交流

对于区域企业来讲，员工的非正式交流是其获取外部知识尤其是隐性知识的重要来源，因此，企业应该鼓励员工参加更多的社会活动，为员工的广泛交流提供支持。

2）营造创新文化氛围，激励创新行为

创新和宽容的文化氛围使硅谷成为全球半导体产业的龙头，创造了人类的一个奇迹。因此，在高技术产业区域中要大力弘扬敢冒风险、富于进取、宽容失败的企业家精神，激发每一个员工的积极性与创造力，努力培养员工的团队精神与创业精神。同时可以利用财政和税收政策等经济杠杆，激励企业的创新行为，发挥技术创新“助推器”的作用。例如，使用财政贴息、地方返税、所得税减免、三项基金、专项基金等措施。尤其要重视对区域中大企业的创新激励，促进其发挥区域“领军人”的作用。

总的来看，西安高新区区域创新是社会资本、区域基础环境、知识创新能力与创新绩效综合作用的结果，几个因素之间的和谐作用是整个区域良性运行的微观机制，也是整个区域创新绩效提高的微观基础。依据“木桶效应”，任何一个要素过于薄弱，都会导致整个创新系统发展缓慢、停滞或倒退。因此，在进行区域发展的系统设计时，要兼顾几个要素的和谐发展。

第九章　促进西安高新区总部经济发展的途径之一——金融服务

第一节　西安高新区金融服务现状分析

一个城市无论规模大小，都会有金融、商务聚集的区域。随着经济增长方式的转变和经济结构的优化，现代服务也日益集中并形成城市的CBD，其中金融产业位于CBD的核心地位（宋华静，2008）。

一、西安高新区金融服务组织体系日益健全

随着对高新技术产业的支持和促进，西安高新区金融产业也得到了快速聚集和发展。截至2007年年底，入驻西安高新区的金融机构如表9-1所示。

表9-1　截至2007年年底入驻西安高新区金融机构结构

金融监管机构	中国人民银行西安分行 中国银行业监督管理委员会陕西监管局 中国证券监督管理委员会陕西监管局 中国保险监督管理委员会陕西监管局
商业银行机构	国家开发银行陕西分行、中国进出口银行西安分行、中国工商银行陕西分行高新支行、中国农业银行陕西分行高新支行、中国建设银行陕西分行高新支行、中国银行、中国光大银行陕西分行、中国民生银行陕西分行高新支行、中信银行陕西分行高新支行、交通银行陕西分行高新支行、西安市商业银行陕西分行高新支行、上海浦东发展银行陕西分行高新支行、华夏银行陕西分行高新支行、陕西农村信用联社

续表

保险机构	永安保险公司、华夏人寿保险股份有限公司、天安保险股份有限公司陕西分公司、中华联合财产保险公司陕西分公司、大地财产保险股份有限公司陕西分公司、陕西高天保险代理公司、陕西新泰保险代理公司、江泰保险经纪公司西安分公司、长城保险经纪公司西安分公司、长安保险经纪公司陕西分公司、竞盛保险经纪股份公司陕西分公司、陕西高的保险公估公司、通联保险经纪有限公司
其他金融机构	健桥证券股份有限公司等。高新区现已有207家风险投资公司，如新加坡祥峰、香港软风等10家国外风险投资公司办事机构已在西安高新区工商登记注册，红杉资本、华登国际、西门子、摩根、高盛、中比基金、深圳创新投资等一大批国内外投资机构活跃在西安高新区

通过表9-1，可以看出：①金融监管部门的陕西监管机构全部落户西安高新区，体现了政策导向；②金融机构种类齐全，涵盖了商业银行、保险机构、风险投资机构及证券交易所；③金融机构呈现出一定程度的聚集，特别是国家开发银行陕西分行、中国进出口银行陕西分行入驻西安高新区，将作为区域总部，永安保险公司、华夏人寿保险股份有限公司将公司总部设在西安高新区，足以说明西安高新区的区位优势。

二、西安高新区金融资源总量不断增长

西安高新区大力推进多层次、多元化的投融资体系建设，促进银行业、担保业长期投资发展和企业上市，基本形成由银行贷款、融资担保、信托、风险投资、投融资中介及政府产业发展基金等构成的较为完善的区域投融资服务体系（图9-1）。

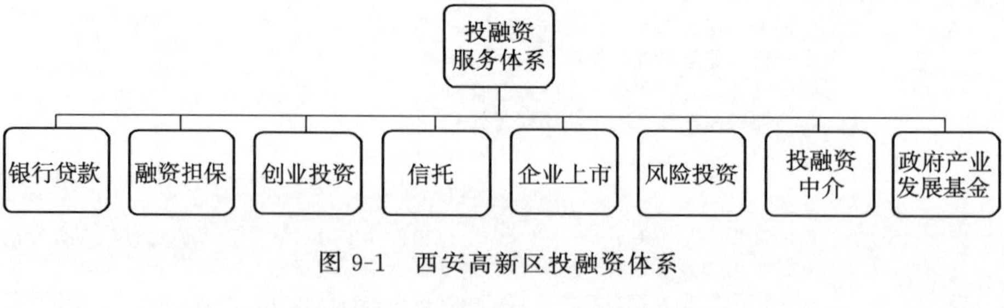

图9-1 西安高新区投融资体系

创业投资方面，西安高新区有各类创业投资机构190家，注册资本总额达58.59亿元。在陕西，银行全部在高新区设有分支机构，2007年高新区企业贷款总额达106.46亿元。西安地区全部的信用担保公司、产权交易所活跃在西安高新区，为西安高新区推出了风险共担机制，2007年共有38家中小型企业

在西安莲湖区农村信用合作社获得贷款6350万元（西安高新技术产业开发区管理委员会，2008b）。

融资担保方面，西安高新区不仅出台相关政策，还积极为担保公司的房产、知识产权等抵押登记开通绿色通道，开展联合担保等新业务，这大大拓展了担保机构的业务范围，增强了抗风险能力，至此，西安的担保机构全部在西安高新区开展业务。2006 年西安高新区区内企业获得担保资金超过全市的 50%。

企业上市方面，西安高新区已和美国纳斯达克交易所、香港联合交易所、东京证券交易所、新加坡证券交易所、伦敦证券交易所等多家世界交易所开展了长期业务合作，截至 2007 年年底，全区国内外上市上柜企业累计达到 47 家。其中，美国场外柜台交易系统（OTCBB）市场挂牌企业 6 家；国内中小板市场上市企业 1 家；通过并购控股国内上市企业 2 家；利用股份报价转让系统的企业 2 家；发行企业债券的上市企业 4 家。

政府产业发展基金方面，为了促进企业内生成长，增强企业自主创新能力，2007 年区内企业共获得扶持基金 6.9 亿元，同比增长 90%，获国家、省、市各类科技产业计划立项 661 项，同比增长 90%（西安高新技术产业开发区管理委员会，2008b）。

除此之外，西安高新区在金融服务创新方面也进行了有益的探索，西安高新区政府和多家金融机构合作推出了许多新的金融产品（如和中国人民银行合作的诚信园区试点、企业动产抵押质押、企业债券的打包发放；和国家开发银行合作的企业软贷款、资本金注入；和中国建设银行合作推出的“以龙头企业授信额度为基础支持产业链上下游企业信贷”的信贷模式和个人信誉贷款方式；和中国银行合作推出的园区联系制；和中国信用合作社合作的促进企业贷款、担保工作的风险共担制度；和上海浦东发展银行、东亚银行研究合作的中小科技企业信用和信贷结合制度；和中信银行进行促进企业进出口方面的合作），同时，交通银行、西安市商业银行也提出了和西安高新区合作的意向。

这些创新已经在一定程度上方便了西安高新区内企业，但为了采用更多方式积极扩展企业融资渠道，进一步满足西安高新区内高新技术企业的发展，还要进行更多的金融服务创新探索。

三、西安高新区金融辅助机构不断发展

西安在西部枢纽位置，而西安高新区又是西安高新科技产业的聚集地，不仅会聚了大量公司总部，而且会聚了主要金融机构和各大银行分支机构，其健全的

生产力要素市场和社会化服务机构的作用日益显著。

截至2007年年底，西安高新区设有创业服务中心、生产力促进中心、科技投资服务公司、人才服务中心、社会保障基金管理中心、企业注册服务中心、房地产产权产籍管理中心及房地产交易、风险投资、财会审计、法律审计、法律咨询、企业注册机构等中介服务机构百余家，可以看出金融中介服务机构正在不断发展健全。

四、西安高新区金融服务政策体系作用凸显

（1）西安高新区制定风险投资损失补偿制度，为区内吸引了大量风险投资和相关投资机构200多家。

（2）西安高新区建立了一定的企业自主创新资助体系，组织企业申报国家各类产业计划达1000多项，其中在西安所承担的火炬计划项目中，有90%以上是在高新区内实施的。

（3）西安高新区设立了留学人员创业扶持基金、“百名院士创新创业工程”基金、软件产业发展扶植基金、知识产权资助基金、扶植科技人员创业的“种子基金”和支持高科技企业发展扶持资金。

（4）西安高新区出台了扶持“515”龙头企业、创新型企业和吸引高端人才等一系列优惠政策。

（5）西安高新区建立了西安高新区管理委员会、担保机构和银行共担风险的贷款促进机制。

（6）西安高新区成立了由银行家、企业家、科技人员、居民和各界专业人士组成的专家咨询委员会，使西安高新区的决策科学化、民主化和透明化。

第二节　西安高新区金融服务体系关键因素分析

一、调研基础数据分析

通过发放问卷及实地调研发现，西安高新区总部经济的发展处于孵化及发展培育阶段，众多高新技术企业规模小，发展阶段仍处于初级。金融服务及其支撑体系虽逐步发展完善，但总体作用和功能的体现还远不能满足所需。

根据抽样调查发现：在调查的107家企业里，除一家企业之外，都是中小企业，其中小型企业81家，中型企业25家；并且发展阶段集中于成长阶段、创业

阶段及种子阶段，绝大多数企业属于成长阶段。概而言之，西安高新区的高新技术企业主要为成长阶段的中小企业（图 9-2）。

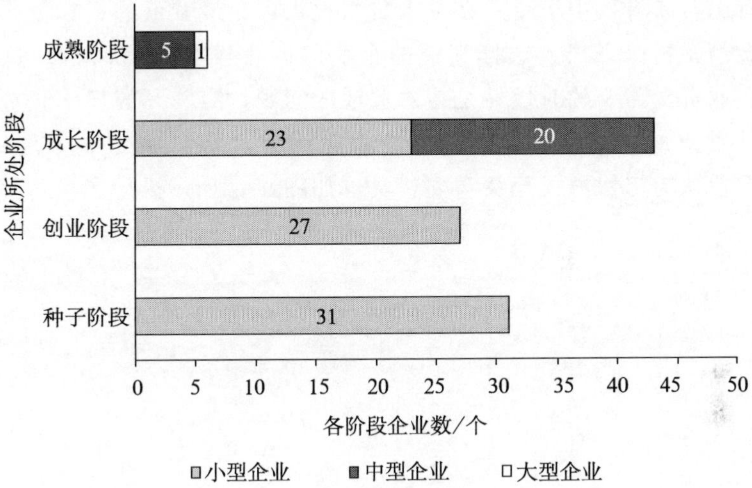

图 9-2　西安高新区企业规模阶段图

（一）信息不对称及中小企业自身风险大等因素导致银行“惜贷”

通过问卷分析发现，西安高新区区内企业贷款普遍较难，超过半数的企业认为贷款不太容易（53%）或很不容易（14%），这符合我国中小企业银行贷款普遍较难的实际。结合区内金融机构的统计可以看出，金融机构的数量和结构仅仅是企业融资的硬件条件之一，真正能满足高新技术中小企业需求的金融机构仍然缺乏，具体如图 9-3 所示。

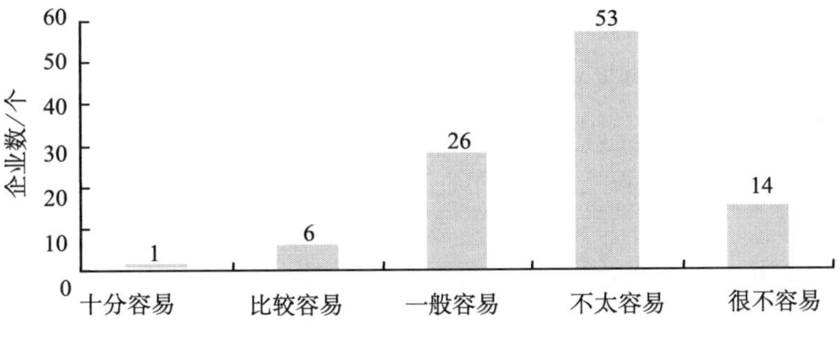

图 9-3　银行贷款的难易程度

（二）企业贷款最看重指标是审批速度

可以看出，高科技中小企业在寻求贷款过程中，最看重的指标依次是审批速度、可贷金额、担保方式，选择其他的企业仅占总样本的18.7%。这也正好说明高科技企业资金需要的时效性是普遍关注的问题，81.3%的样本企业认为审批速度是最其看重的因素之一，52.3%的企业认为可贷金额的多少是重要因素，33.6%的企业认为担保方式至关重要，具体如图9-4所示。

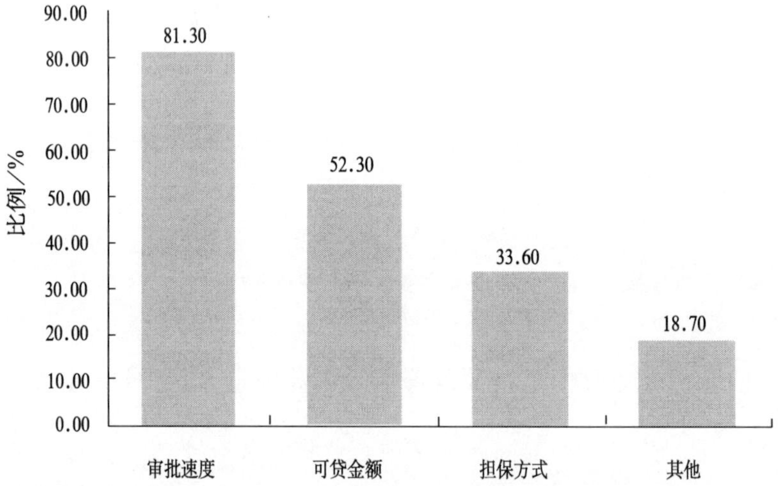

图9-4　贷款看重因素比例结构

（三）西安高新区企业对金融服务的总体评价较高

在实地访谈的基础上，通过发放问卷的方式对金融服务总体满意度、金融服务软环境及硬环境进行抽样调查，具体结果涉及三个方面。①对硬环境的评价：一般及以上的等级占总样本的99%；②对软环境的评价：一般及以上的等级占97%；③整体满意度水平较高，仅10%的样本企业对现有金融服务不满意或不太满意。但从调查结果也可以看出，选择一般的企业数量很大，说明金融服务对总部经济发展的支撑作用仍有待提升。具体情况如图9-5、图9-6、图9-7所示。

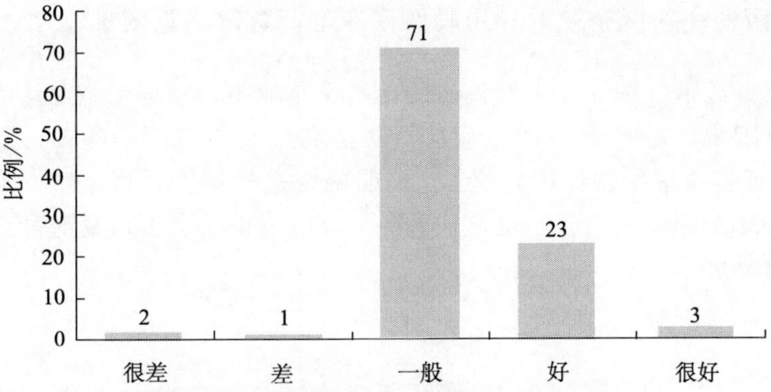

图 9-5　金融服务总体建设水平（软环境）

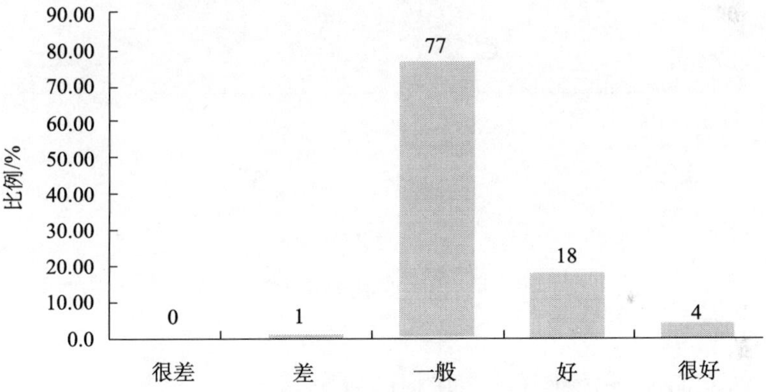

图 9-6　金融服务总体建设水平（硬环境）

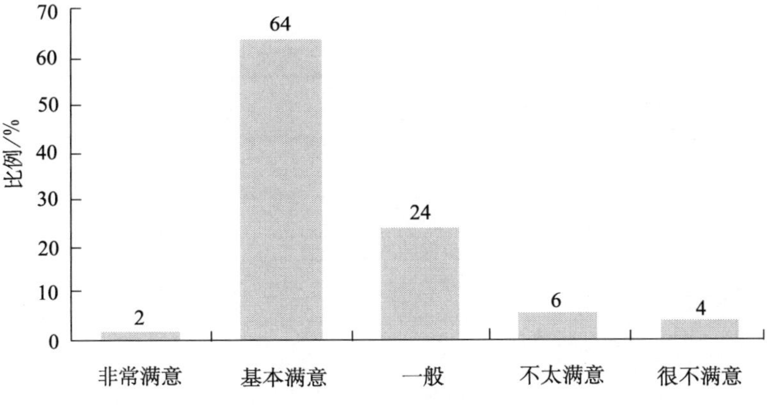

图 9-7　金融服务总体满意程度

（四）西安高新区企业对利用股票债券融资总体感觉困难

问卷调查显示（图 9-8）：被调查的 107 家企业中，78%的企业认为融资比较困难或非常困难，还有 11%的企业从未考虑利用股票或债券融资。总样本中仅有 5%认为证券市场融资比较方便。这说明融资途径尽管看似丰富，但资本市场对企业融资需求的满足明显不足，从另一个方面也说明资本市场对高新技术中小企业的支撑力度不足。

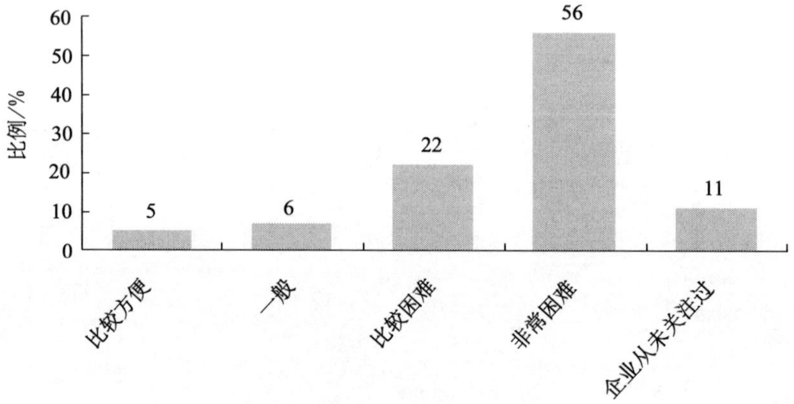

图 9-8 股票或债券融资评价

（五）西安高新区企业寻求多渠道融资模式

结合表 9-2 可以看出，企业希望获得多种的融资途径，企业对融资工具及市场的具体选择如表 9-2 和图 9-9 所示。

表 9-2 企业融资途径选择优先序

希望的融资途径	占样本的比例/%	优先序
创业创新基金	98	1
国家财政投入	87	2
私人资本投入	81	3
外商及中国港澳台投资	63	4
股市融资	58	5
金融机构贷款	53	6

续表

希望的融资途径	占样本的比例/%	优先序
债券融资	35	8
票据融资	32	9
自身积累	24	10
其他	2.8	11

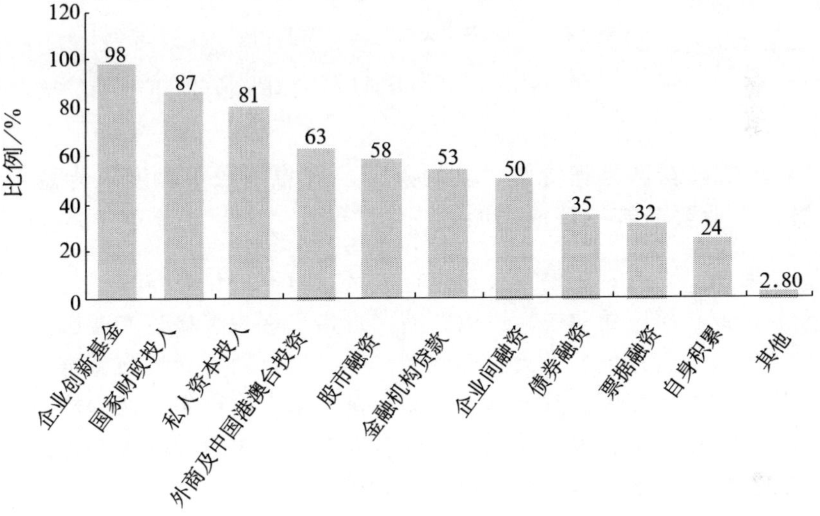

图 9-9 企业融资途径选择

（六）金融中介服务满意度较低

西安高新区区内金融服务水平不仅与直接提供金融服务的金融机构有关，作为信息沟通的桥梁和纽带——金融中介机构（包括信用评级机构、财务咨询机构、法律顾问公司等）的作用也不可低估。但问卷调查结果显示，绝大多企业（70.09%）认为中介服务水平一般，还有4.61%的企业认为服务较差，效率不高。认为服务较好及以上的企业比例只有25.3%，如图9-10所示。

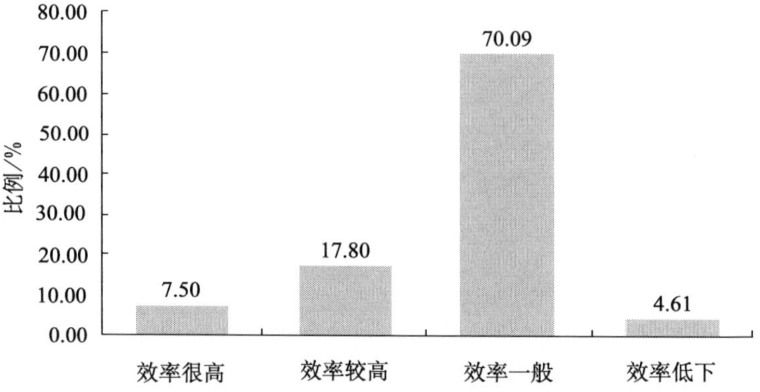

图 9-10 金融中介机构服务评价

（七）西安高新区品牌价值、创新氛围及优惠的政策制度成为总部经济发展的优势，专业服务等三项成为瓶颈

问卷结果显示：有利于提升公司声誉、区域有利的创新氛围、优惠的政策制度成为企业选址高新区的前三大原因，而接近市场客户、接近专业服务机构和有利于提高竞争力成为选址的三大次要原因。但是通过对发达城市总部经济的研究发现，所谓的三大次要原因其实是企业总部落户的关键因素。西安高新区企业之所以将其作为次要原因，表明这三个因素目前并没有很好地促进和带动区内企业乃至西安高新区经济的发展，具体如图 9-11 所示。

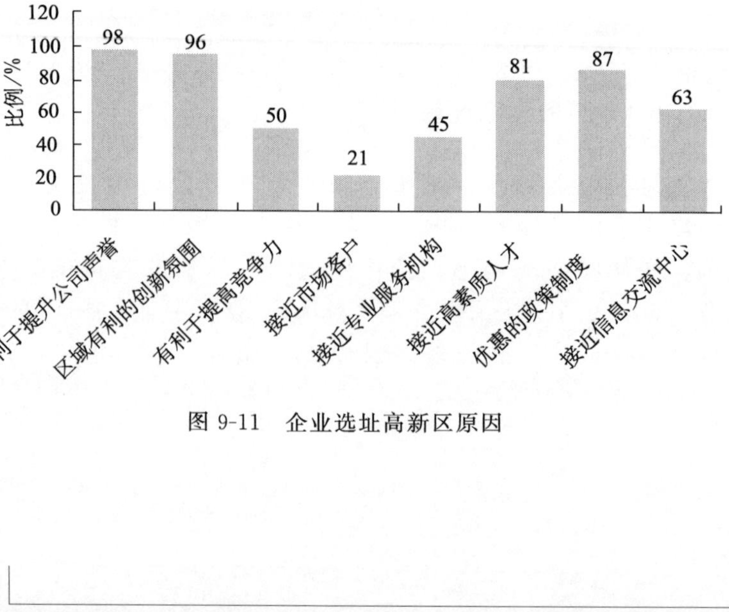

图 9-11 企业选址高新区原因

二、西安高新区金融服务体系关键因素的 DEMATEL 分析

DEMATEL（decision making trial and evaluation laboratory）方法，直译为决策试验与评价实验室。对西安高新区金融服务体系关键因素的实证分析利用 DEMATEL 方法和 MATLAB 7.6 工具。

（一）指标的提取

通过进行系统的汇总整理并加以分析和诊断，归纳出西安高新区金融服务体系的四个主要构面：金融中介机构、政策制度、资本市场和金融产业配套平台（图 9-12），共含 20 个因素（表 9-3）。它们作为金融服务体系的要素，都直接或间接地影响到西安高新区金融服务体系的构建及其整体功能的发挥。

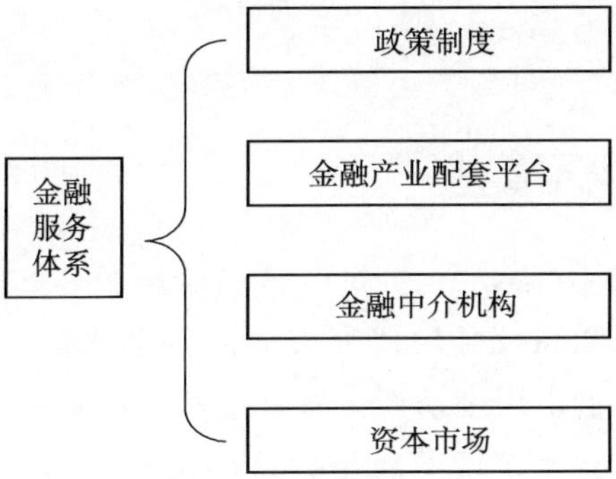

图 9-12 金融服务体系

表 9-3 西安高新区金融服务体系关键因素评价量表

金融体系要素	指标要素	指标编码
金融中介机构	非银行类金融机构服务发展程度（信托、保险、租赁）	F_1
	民间金融机构融资的完善性	F_2
	技术产权交易市场的完善程度	F_3
	银行类金融机构服务发展程度	F_4
政策制度	金融相关法律及法规完善程度	F_5
	政府财政与税收支持力度	F_6
	国家科技政策支持力度	F_7
	孵化器发展水平	F_8
	国家资本投入力度	F_9

续表

金融体系要素	指标要素	指标编码
资本市场	风险投资机构发展水平	F_{10}
	退出机制完善程度	F_{11}
	企业间融资发展的完善程度	F_{12}
	中小板上市、上柜的服务	F_{13}
金融服务配套平台	区内金融服务组织的完善程度	F_{14}
	区内商务沟通交流氛围	F_{15}
	区内金融人才的供给状况	F_{16}
	金融人才流动机制完善程度	F_{17}
	要素市场发展水平	F_{18}
	公共基础设施的保障	F_{19}
	区内商务信用环境	F_{20}

（二）直接影响矩阵的确定

为应用 DEMATEL 方法，共选择了 20 位金融服务方面的专业人士（如金融机构的中高层管理人员和高校金融研究方面的专家学者）和 18 位西安高新区企业界的中高层管理者，借由深度访谈方式，了解他们对西安高新区金融服务体系的看法。同时，为确保深度访谈的质量，每次访谈时间不低于 40 分钟，访谈资料每次皆于访谈后当天内誊录。利用提取的重要指标，并使用 DEMATEL 方法分析各决策评估因素之间的因果关系，建立上述 20 个因素之间的直接影响矩阵，如表 9-3 所示。该直接影响矩阵是依据相关专家分析的结果并通过因素之间的两两分析判断而建立的。如果某因素 F_i 对因素 F_j 有直接影响，则相应的第 i 行第 j 列元素为 1～3 中的任意一个；如果没有直接影响关系，则相应的元素为 0。综合 38 位专家、管理者的评价和相关理论，获得直接影响矩阵，如表 9-4 所示，经计算得到的综合影响矩阵如表 9-5 所示。

根据影响度和被影响度的程度判断出每一个评价指标对评价目标的影响程度，再根据中心度可判定出各个指标在评价体系中的重要程度，还可根据原因度的大小进一步分析各指标之间的相互影响关系。最终结果如表 9-6 所示。

表 9-4　西安高新区金融服务评价指标之间的直接影响矩阵

指标编码	F_1	F_2	F_3	F_4	F_5	F_6	F_7	F_8	F_9	F_{10}	F_{11}	F_{12}	F_{13}	F_{14}	F_{15}	F_{16}	F_{17}	F_{18}	F_{19}	F_{20}
F_1	0	0	1	3	1	0	0	0	0	2	0	0	0	0	0	0	0	1	0	0
F_2	0	0	0	2	1	0	0	0	0	0	0	0	0	0	0	0	0	0	0	0
F_3	0	0	0	1	1	0	0	0	0	0	0	0	0	0	0	0	0	0	0	0
F_4	0	0	0	0	1	0	0	0	0	0	0	0	0	0	0	0	0	0	0	0
F_5	0	0	0	0	0	0	0	0	0	0	0	0	1	1	3	1	1	0	0	2
F_6	1	1	1	1	2	0	0	1	0	1	1	1	0	0	0	0	0	0	1	1
F_7	0	1	1	0	0	0	0	0	0	0	0	0	0	1	0	0	0	1	0	0
F_8	0	1	0	1	0	0	2	0	0	0	0	0	0	1	0	0	0	0	1	0
F_9	0	1	1	0	0	1	0	0	0	0	1	0	1	1	1	0	0	0	1	0
F_{10}	0	1	0	3	1	0	0	0	0	0	2	0	0	0	0	0	0	0	0	0
F_{11}	1	0	0	1	0	0	0	0	0	0	0	2	0	0	0	0	0	0	0	0
F_{12}	0	0	0	0	0	0	0	0	0	0	1	0	0	1	0	0	1	0	0	1
F_{13}	2	0	0	2	0	0	0	1	0	0	0	0	0	0	0	1	0	0	0	0
F_{14}	1	0	0	1	0	0	0	0	0	0	1	2	1	0	0	0	0	0	0	0
F_{15}	0	1	1	0	0	0	1	0	0	0	0	0	2	0	0	0	0	0	0	0
F_{16}	0	1	0	1	0	0	2	0	1	0	0	0	1	0	0	0	0	0	0	0
F_{17}	0	0	1	0	0	0	0	0	0	1	0	0	0	0	0	2	0	0	0	0
F_{18}	0	1	0	1	0	0	1	1	0	1	1	1	1	1	1	0	0	0	1	1
F_{19}	0	0	0	0	0	0	0	0	0	0	1	0	0	0	0	0	0	0	0	0
F_{20}	1	0	2	1	0	0	1	1	0	0	0	0	1	1	0	0	0	0	1	0

表 9-5 综合影响矩阵 T

T	F_1	F_2	F_3	F_4	F_5	F_6	F_7	F_8	F_9	F_{10}	F_{11}	F_{12}	F_{13}	F_{14}	F_{15}	F_{16}	F_{17}	F_{18}	F_{19}	F_{20}
F_1	0.0135	0.0294	0.0959	0.3336	0.1375	0.0001	0.0181	0.0125	0.0014	0.1772	0.0414	0.0183	0.0318	0.0254	0.0416	0.0163	0.0130	0.0860	0.0110	0.0316
F_2	0.0051	0.0040	0.0066	0.1759	0.0994	0.0001	0.0059	0.0028	0.0009	0.0016	0.0017	0.0021	0.0158	0.0107	0.0250	0.0110	0.0085	0.0009	0.0018	0.0168
F_3	0.0047	0.0037	0.0061	0.0919	0.0923	0.0001	0.0054	0.0026	0.0009	0.0015	0.0015	0.0020	0.0147	0.0100	0.0232	0.0102	0.0079	0.0008	0.0017	0.0156
F_4	0.0044	0.0034	0.0056	0.0079	0.0852	0.0001	0.0050	0.0024	0.0008	0.0014	0.0014	0.0018	0.0136	0.0092	0.0214	0.0094	0.0073	0.0008	0.0015	0.0144
F_5	0.0523	0.0414	0.0678	0.0947	0.0229	0.0008	0.0603	0.0288	0.0094	0.0168	0.0170	0.0221	0.1628	0.1105	0.2573	0.1133	0.0871	0.0094	0.0185	0.1732
F_6	0.1168	0.1119	0.1253	0.2132	0.2228	0.0002	0.0378	0.0992	0.0023	0.1062	0.1248	0.1138	0.0468	0.0517	0.0570	0.0271	0.0281	0.0129	0.1038	0.1310
F_7	0.0143	0.0945	0.0891	0.0518	0.0216	0.0000	0.0116	0.0099	0.0003	0.0098	0.0199	0.0267	0.0206	0.0974	0.0126	0.0042	0.0040	0.0855	0.0091	0.0130
F_8	0.0130	0.1002	0.0172	0.1205	0.0212	0.0000	0.1701	0.0030	0.0003	0.0037	0.0194	0.0217	0.0136	0.1032	0.0066	0.0035	0.0036	0.0153	0.0854	0.0066
F_9	0.0448	0.1040	0.1069	0.0892	0.0439	0.0834	0.0153	0.0184	0.0012	0.0154	0.1126	0.0420	0.1140	0.0953	0.0948	0.0144	0.0072	0.0050	0.0939	0.0182
F_{10}	0.0207	0.0886	0.0097	0.2943	0.1182	0.0001	0.0074	0.0037	0.0011	0.0047	0.1719	0.0314	0.0194	0.0156	0.0298	0.0135	0.0125	0.0023	0.0025	0.0225
F_{11}	0.0892	0.0035	0.0127	0.1187	0.0201	0.0000	0.0039	0.0028	0.0004	0.0169	0.0198	0.1738	0.0068	0.0189	0.0057	0.0049	0.0162	0.0078	0.0025	0.0185
F_{12}	0.0265	0.0048	0.0254	0.0415	0.0092	0.0001	0.0121	0.0091	0.0014	0.0119	0.0972	0.0325	0.0183	0.0963	0.0027	0.0168	0.0868	0.0032	0.0085	0.0879
F_{13}	0.1725	0.0230	0.0206	0.2449	0.0411	0.0006	0.0325	0.0870	0.0074	0.0306	0.0099	0.0059	0.0170	0.0166	0.0123	0.0888	0.0039	0.0171	0.0101	0.0088
F_{14}	0.1111	0.0057	0.0155	0.1490	0.0252	0.0001	0.0070	0.0102	0.0011	0.0208	0.1056	0.1887	0.0922	0.0219	0.0072	0.0128	0.0178	0.0098	0.0035	0.0208
F_{15}	0.0308	0.0957	0.0952	0.0674	0.0246	0.0001	0.0907	0.0158	0.0014	0.0062	0.0036	0.0036	0.1738	0.0126	0.0071	0.0169	0.0023	0.0101	0.0027	0.0053
F_{16}	0.0213	0.1103	0.0265	0.1351	0.0261	0.0070	0.1735	0.0109	0.0843	0.0057	0.0138	0.0088	0.1001	0.0272	0.0149	0.0110	0.0029	0.0162	0.0104	0.0070
F_{17}	0.0057	0.0261	0.0891	0.0547	0.0219	0.0012	0.0300	0.0023	0.0142	0.0848	0.0167	0.0042	0.0195	0.0067	0.0069	0.1705	0.0022	0.0030	0.0021	0.0043
F_{18}	0.0506	0.1205	0.0406	0.2047	0.0426	0.0001	0.1209	0.1034	0.0014	0.0941	0.1299	0.1272	0.1244	0.1260	0.0953	0.0163	0.0141	0.0143	0.1018	0.1022
F_{19}	0.0074	0.0003	0.0011	0.0099	0.0017	0.0000	0.0003	0.0002	0.0000	0.0014	0.0850	0.0145	0.0006	0.0016	0.0005	0.0004	0.0013	0.0006	0.0002	0.0015
F_{20}	0.1121	0.0220	0.1881	0.1751	0.0432	0.0001	0.1046	0.0942	0.0011	0.0207	0.0238	0.0235	0.1016	0.1079	0.0124	0.0130	0.0056	0.0181	0.0937	0.0107

表 9-6 总体影响情况排序汇总表（降序排列）

影响度		被影响度		中心度		原因度	
要素	数值	要素	数值	要素	数值	要素	数值
F_6	1.7327	F_4	2.6741	F_4	2.8713	F_6	1.6384
F_{18}	1.6305	F_5	1.1208	F_5	2.4871	F_{18}	1.3114
F_5	1.3663	F_{13}	1.1074	F_1	2.0522	F_9	0.9888
F_{20}	1.1713	F_3	1.0451	F_{13}	1.958	F_{20}	0.4613
F_1	1.1355	F_{11}	1.0168	F_{18}	1.9496	F_5	0.2456
F_9	1.12	F_2	0.9931	F_{20}	1.8813	F_{16}	0.2386
F_{10}	0.8701	F_{14}	0.9648	F_6	1.827	F_{10}	0.2385
F_{13}	0.8506	F_1	0.9167	F_{14}	1.7907	F_{17}	0.234
F_{14}	0.8259	F_7	0.9126	F_{11}	1.5599	F_1	0.2187
F_{16}	0.813	F_{12}	0.8647	F_7	1.5084	F_8	0.2091
F_8	0.7283	F_{15}	0.7344	F_{10}	1.5016	F_{15}	−0.0685
F_{15}	0.6659	F_{20}	0.71	F_{12}	1.4569	F_{14}	−0.1389
F_7	0.5958	F_{10}	0.6316	F_{15}	1.4003	F_{13}	−0.2569
F_{12}	0.5922	F_{16}	0.5744	F_2	1.3898	F_{12}	−0.2725
F_{17}	0.5661	F_{19}	0.5645	F_{16}	1.3874	F_7	−0.3167
F_{11}	0.5431	F_8	0.5192	F_3	1.3421	F_{19}	−0.4359
F_2	0.3967	F_{17}	0.3321	F_9	1.2512	F_{11}	−0.4737
F_3	0.297	F_{18}	0.3191	F_8	1.2476	F_2	−0.5963
F_4	0.1972	F_9	0.1312	F_{17}	0.8982	F_3	−0.7481
F_{19}	0.1286	F_6	0.0943	F_{19}	0.6931	F_4	−2.4769

从表 9-6 可看出：银行类金融机构服务发展程度的被影响度最高，而政府财政与税收力度支持对体系其他指标的影响力最大。要素市场发展水平、金融相关法律及法规完善程度、区内商务信用环境、非银行类金融机构服务发展程度（信托、保险、租赁）及国家资本投入力度也具有较高的影响度，其影响度数值都大于 1。影响度数值较高的这些要素主要集中于政策制度层面和金融服务配套平台层面，这充分说明政策制度和金融服务配套平台对西安高新区金融服务整体水平

的提高意义重大。

从表 9-6 可以看出政府财政与税收支持力度、国家资本投入力度和要素市场发展水平的中心度和原因度都较高，而金融中介机构构面所包含的四个要素的中心度与原因度的差值较大且都表现为中心度高而原因度低，中心度高说明金融中介机构在整个金融服务体系中处于核心地位，而原因度为负说明该构面的良性发展离不开金融服务体系中其他构面的支持，而该构面在整个金融服务体系中的作用目前未得到充分发挥。高科技中小企业面临风险大、规模普遍较小的共性，银行等提供间接融资的金融机构，由于“信息不对称”导致普遍“嫌贫爱富”，所以西安高新区内占绝对数量的中小型高新技术企业仅靠银行获得的融资额是有限的，同时也揭示出多层次资本市场发展的必要性。

三、结果原因分析

中心度表示元素在体系中的重要性程度，原因度表示元素在体系中的影响力大小。通过分析可以看出，中心度位于前三位（表 9-6）的分别是非银行类金融机构服务发展程度（信托、保险、租赁）、金融相关法律及法规完善程度、银行类金融机构服务发展程度，这三项指标是决定西安高新区金融服务体系优劣的主要因素，改善高新金融服务体系需着力于这三个主要方面。在最重要的三项中有两项属于金融中介机构构面，一项属于政策制度构面。在西安高新区金融服务体系中地位较低的三项分别是孵化器发展水平、金融人才流动机制完善程度和公共基础设施的保障。

原因度大于 0 的因素为原因因素，共 10 项，它们是影响西安高新区金融服务体系的基本因素，特别是位于前三位的政府财政与税收支持力度、要素市场发展水平和国家资本投入力度（表 9-7），它们对西安高新区金融服务水平的提升意义重大。其他原因度小于 0 的因素则为结果因素。

表 9-7 中心度及原因度的关键要素表

$M_i>0$ 中心度前三位	$M_i<0$ 中心度后三位	因：$R_i>0$ 原因度前三位	果：$R_i<0$ 原因度后三位
F_4 银行类金融机构服务发展程度 F_5 金融相关法律及法规完善程度 F_1 非银行类金融机构服务发展程度（信托、保险、租赁）	F_8 孵化器发展水平 F_{17} 金融人才流动机制完善程度 F_{19} 公共基础设施的保障	F_6 政府财政与税收支持力度 F_{18} 要素市场发展水平 F_9 国家资本投入力度	F_2 民间金融机构融资的完善性 F_3 技术产权交易市场的完善程度 F_4 银行类金融机构服务发展程度

政策制度中的政府财政与税收支持力度有着最高的原因度，这是因为政府财政、税收制度对高科技中小规模企业的孕育和产生至关重要，政策制度中的国家资本投入力度和国家科技政策支持力度也有着较高的原因度。金融服务配套平台中的要素市场发展水平、区内商务信用环境和金融人才供给状况的原因度也较高。可以看出政策制度仍是现阶段西安高新区金融服务水平发展的重要支撑，同时作为高科技中小企业汇集区的西安高新区，充分发挥和利用资本市场开展多元化的融资战略也十分必要。在此基础上，金融产业发展的配套平台，如要素市场的发展、金融人才的引进及商务信用环境建设也成为促进金融服务良性发展的助推器。

通过表9-6和表9-7可以看出，重要性高但影响力较弱的指标主要集中于金融中介构面，同时资本市场构面中除了风险投资机构发展水平的原因度大于0成为原因因素，其余三个因素均小于0，这说明资本市场发育还比较缓慢，不能很好地为企业融资提供便利。当然其中高新技术企业的自身发展特点，也影响了金融服务体系功能发挥。

（一）外部原因分析

1. 资本市场存在重大缺陷

高新技术企业需要以资本性资金为主的资金，因此在企业融资过程中资本市场占有重要位置。西安高新区现阶段专门针对中小型高新技术企业的资本市场发育不健全，还在尝试阶段，西安高新区的资本市场流通性也存在严重缺陷，还没有形成风险投资退出机制，这严重抑制风险投资业的发展，也严重影响接受风险投资的高新技术企业的估值。

2. 金融机构方面的原因

（1）相对而言，我国商业银行所提供的业务较为单一，金融产品创新能力较低，运营水平还有待进一步提高，其根源在于我国监管体制和经营观念上存在一定的局限性，而现阶段我国又进一步加强了金融监管力度，在一定程度上阻碍了金融产品的创新。

（2）中小金融机构发展较为滞后，难以适应中小企业的发展需求。我国金融体系的信贷份额中四大国有银行占总量的70%以上。民间资本进入金融市场的运作规则不明晰，因此其总量规模较小。国有大银行在对中小企业开展业务过程中，贷款单位成本高，金额小，还需进一步调整与适应，应提出适合中小企业的金融服务产品。

（二）企业内部原因分析

1. 高技术企业发展态势不明确，资信状态不稳

由于经济环境的复杂化、市场需求的多元化、科学技术的多变化，高技术企业所面临的产品升级压力与财务压力骤增，其规模难以扩大。在信息不对称条件下，劣质客户的存在迫使银行驱逐了一部分优质客户，这进一步加剧了高技术企业的融资难度。

2. 高技术企业公司治理和运营管理不规范

大多中小高技术企业成立之初是由亲戚或朋友出资组建的，到发展后期，在股份处置问题上难以妥善安排，家族化治理倾向严重，这阻碍了公司治理的规范化发展。加之高技术企业规模较小，生存状况艰难，受政府政策影响较大，缺乏长远规划，又加剧了企业的融资难度。

3. 高技术企业融资策略缺乏系统性、完整性

中小高技术企业难以根据自身的发展状况制订出有针对性的融资计划，系统性和完整性的缺乏使其难以进行适宜的融资安排。中小高技术企业由于其在信息沟通、信息掌握等方面能力与技巧的缺乏，进一步提高了其融资失败的概率。

第三节　西安高新区金融服务体系与企业融资效率关系研究

运用金融体系理论、企业融资结构理论，通过实地调研的方式，提炼出影响西安高新区金融服务水平提高的因素，分析并初步辨识了金融服务水平对西安高新区企业融资效率的影响因素及西安高新区企业融资的评价指标。

一、金融服务体系的作用和构成

金融服务的完善可以使西安高新区快速形成规模，加快高科技的研发，帮助企业规避市场风险，因此应充分重视金融服务对区域发展的支持作用。政府和金融机构对高技术公司实行多种方式的优惠信贷和资金融通，使高技术公司能够用灵活多样的金融工具从资本市场筹集到社会资金（郭建国和孔凡娜，

2006）。

从总体上来看，按层次划分，区域的金融服务体系所涵盖的金融资源主要包括以下三个方面：首先是包括金融法规、惯例、制度、标准和意识等各类要素的整体功能性高层金融资源；其次是由金融组织体系和金融工具体系构成的实体性中间金融资源，金融组织体系为货币资金的借贷与运营提供外部环境，由金融机构和金融市场构成，金融工具体系主要作为货币资金借贷和运营的载体而存在；最后是广义的货币资金，即基础性核心金融资源，它贯穿于金融活动的始终。

二、融资结构对高新技术中小企业的影响分析

企业融资结构反映了企业的融资风险与效率，它是融资行为的结果，企业融资能力受其决定和影响。由于企业不同融资渠道所形成的融资成本、净收益、融资风险和税收方面存在差异，所以为了提高企业的整体收益，应选择最佳的融资组合方式以降低融资成本。

不同理论观点对企业融资结构这一内容提出了不同的观点：代理理论认为，管理者与投资人间存在的潜在利益冲突决定了企业最优的资本结构，需要权衡不同融资方式的成本与代理成本间的平衡；优先序融资理论认为，核心问题是金融市场的不足，信息和交易成本的不对称性致使企业更倾向于债务融资；权衡理论认为企业的资本结构受到商业风险、资产类型、公司税率、破产法与利润等多方面的影响。可以看出，这些理论大多从内在运行机理考量企业的融资结构和融资方式，不同因素所产生的作用与影响随着企业的所处阶段和自身制度环节而发生变化。

上述内容表明企业的良好成长在于其能否制定合理的融资策略，选择不同的融资方式组合，降低融资成本，是实现企业价值最大化的重要条件。因此，现代公司融资理论对西安高新区企业的融资选择有着重要的指导作用：①高风险的高技术企业可通过选择融资方式，调整融资结构来降低风险；②高技术企业的融资结构必须保持一定的弹性以抵御融资风险。也就是说，高新技术企业要采取多元化的融资方式；③高技术企业初期融资方式的选择倾向于内部融资或外部股权融资；④银行间接融资应积极介入高新技术企业中后期阶段；⑤发展和完善多层次资本市场对高技术企业具有重要的支持作用，据此构建了企业不同阶段融资与金融服务体系的对接关系（图 9-13）。

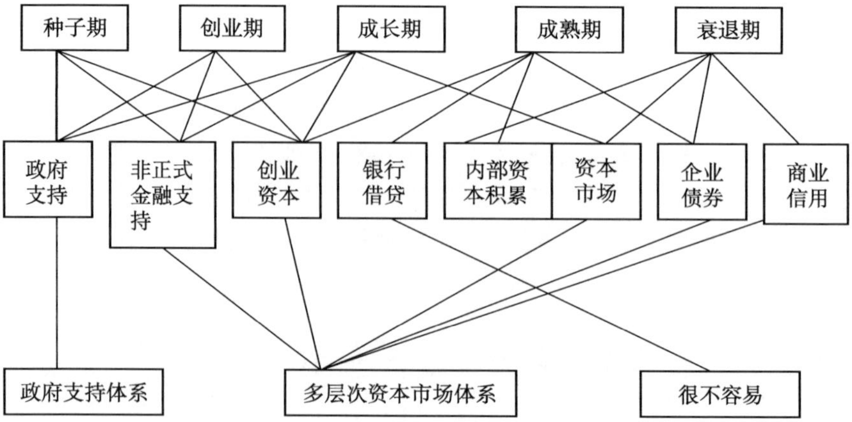

图 9-13 企业发展阶段与金融服务的对接

三、作用关系的提出与分析

（一）作用关系的提出

通过上述分析可以看出：企业融资在不同层面上的影响因素并不是孤立的，但是也不能简单地将企业融资看成一个整体。企业融资效率的影响因素本身是一个复杂且多元的系统（包括内部影响因素及外部影响因素），西安高新区金融服务水平已成为影响企业融资效率的重要因素，因而西安高新区金融服务业也是企业内部融资效率改善的支持性系统。但是，在以往对企业融资效率的相关研究中，一个主要特点是将影响企业融资效率的每一项关键因素内部化，忽视了外部金融服务环境对其的影响。本研究将内外部影响因素有机地联系起来，把对金融支撑体系的研究作为出发点，将提升企业的融资效率特别是财务绩效作为落脚点，将内外影响因素整合在一个系统内研究金融服务水平对企业融资效率的影响。

通过以上对不同层面影响因素的理论分析，对研究的问题进行了初步划分，主要作用在于明确所要研究问题的价值，同时，也形成了西安高新区金融服务体系对企业融资效率的作用关系，并进一步明确西安高新区宏观金融政策环境、金融产业配套平台、间接融资系统、资本市场融资系统四个层面的影响因素与企业融资效率评价之间的联系，具体思路参照图9-14。

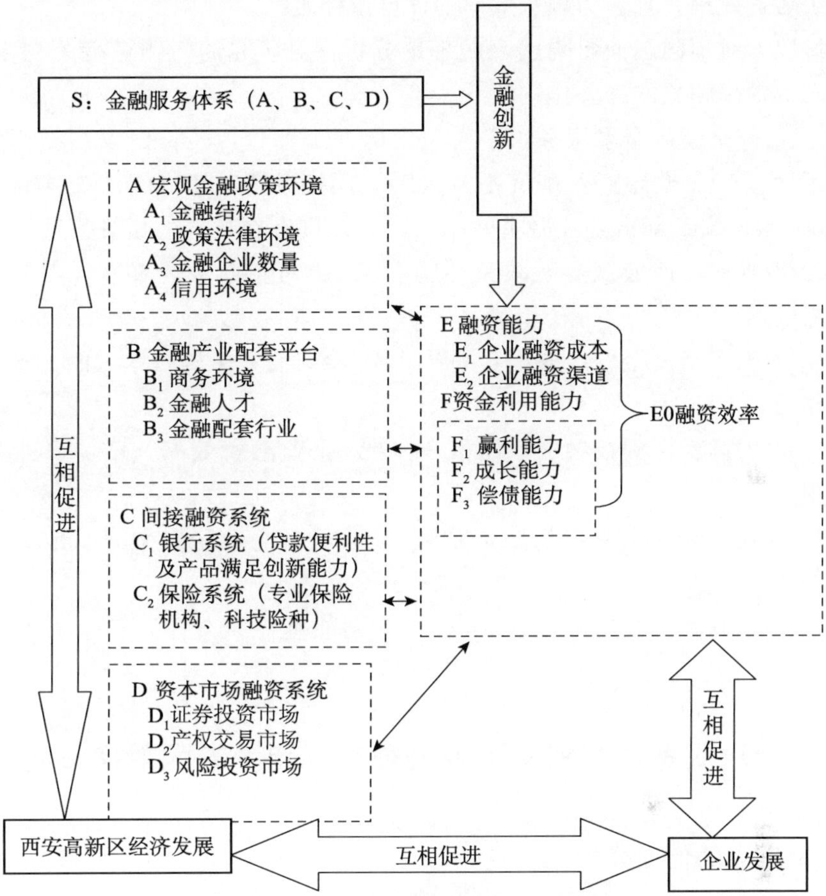

图 9-14 服务体系对融资效率的作用关系

（二）金融服务体系对企业融资效率作用关系分析

前文分析了西安高新区金融服务体系各因素的构成，并提出了金融服务体系与对企业融资效率的影响关系，从理论上作了不同层次的解释与分析，进而提出假设模型，如图 9-14 所示。我们在第四章金融服务体系关键要素模型的四个构面（金融中介机构、政策制度、资本市场和金融产业配套平台，共 20 个因素）的基础上，结合本章研究的目的（金融服务水平与企业融资效率关系），提出了该假设模型。该模型主要反映了以下三方面内容：①西安高新区金融服务体系包括西安高新区宏观金融政策环境、金融产业配套平台、间接融资系统、资本市场融资系统；②企业融资效率的评价指标包括企业融资渠道、企业融资成本、资金利用能力（盈利能力、成长能力和资信能力）；③企业财务绩效从资金利用的角度反映了融资效率，且作为融资效率的评价指标之一。

通过以上对不同层面影响因素的理论分析，对研究的问题进行了初步划分，并提出融资效率相关的一些作用关系。

H1：西安高新区金融服务水平所包含的四个评价因子：西安高新区宏观金融政策环境（A）、金融产业配套平台（B）、间接融资系统（C）、资本市场融资系统（D）与西安高新区企业融资效率（E0）之间存在显著的相关关系。

H2：西安高新区宏观金融政策环境（A）会对企业融资效率（E0）产生重要的影响作用。

H3：西安高新区金融产业配套平台（B）会对企业融资效率（E0）产生重要的影响作用。

H4：西安高新区间接融资系统（C）会对企业融资效率（E0）产生重要的影响作用。

H5：西安高新区资本市场融资系统（D）会对企业融资效率（E0）产生重要的影响作用。

H6：西安高新区金融服务体系（S）会对企业融资效率（E0）产生重要的影响。

四、金融服务体系对企业融资效率作用关系的数据分析

（一）问卷的信度分析

为了进一步了解问卷的可靠性与有效性，需对回收的数据进行信度、效度检验。在本次调研中，由于被调查者的个体情况，包括对企业情况的了解程度、对西安高新区金融服务情况的了解程度及对问卷问题的理解程度等有所不同，所以有必要首先对收集上来的数据进行信度分析，所以采用克隆巴赫（Cronbach）α 系数法检验内部一致性。

下面对所得到的调查表数据从各层面到整体进行全面信度分析，以确定数据的可靠性和有效性。

通过表 9-8 可以看出，总量表信度系数为 0.868，在 0.8 以上，各构面信度系数的最低值为 0.732，都高于可接受的最小信度值 0.7，说明问卷的可靠性与有效性是可以接受的。

表 9-8 各构面信度分析结果

构面	克隆巴赫 α 系数
宏观金融政策环境	0.784
金融服务配套平台	0.814
间接融资系统	0.814
资本市场融资系统	0.861
融资能力	0.836
资金利用能力	0.732
总量表信度系数	0.868

(二) 问卷的效度分析

总的效度分析如表 9-9 所示。

表 9-9 总的效度分析

	样本选取适当性 KMO 值	巴特利特球形检验		
		近似方差	自由度	显著性
A	0.697	640.403	78	0.000
B	0.681	610.869	66	0.000
C	0.646	423.477	36	0.000
D	0.678	444.082	55	0.000
E	0.677	267.571	21	0.000
F	0.715	201.806	21	0.000

融资成本及渠道层面各影响因素指标的 KMO 测度为 0.677，巴特利特球形检验中统计值的显著性概率是 0.000，小于 0.01，这说明数据相关系数矩阵不是单位矩阵，显著性为 0，再次说明统计数据是适宜作因子分析的。

在效度检验中，除了宏观金融政策环境层面由原先假设的三个因素变成四个因素之外，其他层面各因素均通过了假设的验证，进而使设计问卷的可靠性和有效性都得到了验证。

（三）研究假设的验证分析

1. 积差相关分析

本处使用积差相关分析及典型相关分析方法对前文的作用关系进行检验。

首先对金融服务体系四个层面（A、B、C、D）与融资效率E0的两个层面（E、F）之间的关系进行积差相关分析，来验证前文提出的H1：西安高新区金融服务水平所包含的四个评价因子：西安高新区宏观金融政策环境（A）、金融产业配套平台（B）、间接融资系统（C）、资本市场融资系统（D）与西安高新区企业融资效率（E0）之间存在显著的相关关系，分析结果如表9-10所示。

表9-10 金融服务体系四个层面与融资效率的积差相关分析

		宏观金融政策环境	金融产业配套平台	间接融资体系	资本市场融资系统	融资效率
融资效率	皮尔逊相关	0.772**	0.503**	0.814**	0.875**	1
	双边显著性	0.000	0.000	0.000	0.000	
	样本数	107	107	107	107	107

** 表明显著水平 $\alpha=0.01$（双尾检验）

从融资效率与宏观金融政策环境、金融产业配套平台、间接融资系统、资本市场融资系统的积差相关结果来看，四个层面相关系数的双边检验显著值均小于0.05，说明它们之间存在着显著相关关系。按照相关系数高低排序，融资效率与四个层面关系的排列顺序（解释量由高至低）分别是资本市场融资系统（$r=0.875$）、间接融资系统（$r=0.814$）、宏观金融政策环境（$r=0.772$）、金融产业配套平台（$r=0.503$）（表9-10）。

根据以上分析结果，作用关系H1：金融服务体系的四个层面均与融资效率之间存在着显著的相关关系得到了验证。

积差相关法的验证结果说明了四个层面与融资效率水平之间存在着相关关系，但不能说明四个层面上的因素是否对融资效率层面上的因素产生重要的影响，为了进一步检验各因素间的作用关系，采用典型相关分析进行关系验证。

2. 典型相关分析

H2检验：A（宏观金融政策环境）对E0（融资效率）产生重要影响，分析结果如表 9-11 所示。

表 9-11 宏观金融政策环境层面与融资效率层面上关键因素典型相关分析信息汇总表

控制变量（A 层面）	典型变量	效标变量（E0 层面）	典型变量
X 变量	Φ_1	Y 变量	Φ_1
A1 金融结构	0.547（0.423）	E1 企业融资成本	0.160（1.520）
A2 金融法律法规	0.627（−1.784）	E2 企业融资渠道	0.664（−1.926）
A3 金融机构数量	0.034（1.344）	F 资金利用能力	1.149（−0.856）
A4 信用环境	0.604（−0.077）		
		典型相关系数	
		ρ	0.678（0.377）

注：小括号中的数字表示第二典型变量的相应数值

由图 9-15 可知，宏观金融政策环境与融资效率之间存在显著影响，通过两个典型变量产生影响，第一典型相关系数为 0.678，第二典型相关系数为 0.377，两组结果都通过了显著性检验，且在 0.01 的水平上显著相关。以下用相同的分析方法分别对 B 与 E0、C 与 E0、D 与 E0 层面进行典型相关分析。

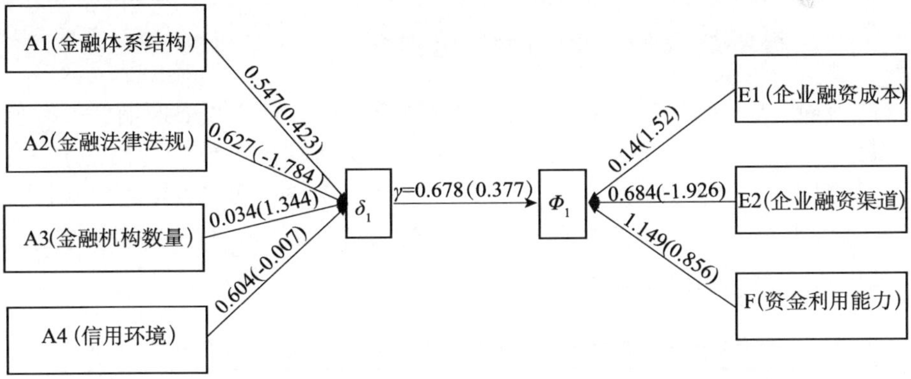

图 9-15 宏观金融政策环境与融资效率的典型相关分析路径图

H3 检验：B（金融产业配套平台）对 E0（融资效率）产生重要影响。

根据表 9-12 相关数据，绘制金融产业配套平台层面与融资效率层面的典型相关路径，如图 9-16 所示。

表 9-12 金融产业配套平台层面与融资效率层面上关键因素典型相关分析信息汇总表

控制变量（B层面）	典型变量	效标变量（E0层面）	典型变量
X 变量	Φ_2	Y 变量	Φ_2
B1 商务环境	0.319（4.309）	E1 企业融资成本	1.270（0.828）
B2 金融人才	0.304（－4.139）	E2 企业融资渠道	0.478（－2.503）
B3 金融配套行业	2.056（0.908）	F 资金利用能力	0.637（－0.684）
		典型相关系数	
		ρ	0.706（0.569）

由图 9-16 可知，金融产业配套平台与融资效率之间存在影响，且通过两组典型变量实现，第一典型相关系数为 0.706，第二典型相关系数为 0.569，且两组结果均通过了显著水平检验，即在 0.01 的水平上显著相关。

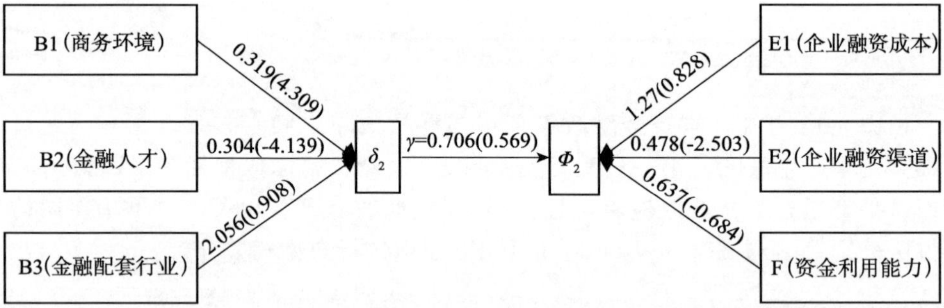

图 9-16 金融产业配套平台与融资效率的典型相关分析路径图

H4 检验：C（间接融资体系）对 E0（融资效率）产生重要影响。

根据表 9-13 相关数据，绘制间接融资系统层面与融资效率层面的典型相关路径，如图 9-17 所示。由图 9-17 可知，间接融资系统与融资效率之间存在影响，且仅通过一组典型变量实现，典型相关系数为 0.870。结果通过了显著水平检验，且在 0.01 的水平上显著相关。

表 9-13 间接融资系统层面与融资效率层面上关键因素典型相关分析信息汇总表

控制变量（C层面）	典型变量	效标变量（E0层面）	典型变量
X 变量	Φ_3	Y 变量	Φ_3
C1 银行系统	0.428	E1 企业融资渠道	0.654
C2 保险系统	1.03	E2 企业融资渠道	0.508
		F 资金利用能力	0.298

续表

控制变量（C层面）	典型变量	效标变量（E0层面）	典型变量
		典型相关系数	
		ρ	0.870

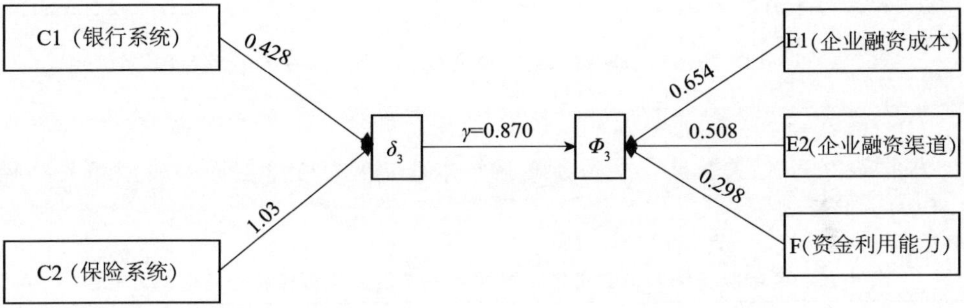

图 9-17　间隔融资系统与融资效率的典型相关分析路径图

H5 检验：D（资本市场融资系统）对 E0（融资效率）产生重要影响。

根据表 9-14 相关数据，绘制资本市场融资系统层面与融资效率层面的典型相关路径，如图 9-18 所示。由图 9-18 可知，资本市场融资系统与融资效率之间存在影响，且通过两组典型变量实现，第一典型相关系数为 0.968，第二典型相关系数为 0.617，且两组结果均通过了显著水平检验，即在 0.01 的水平上显著相关。

表 9-14　资本市场融资系统层面与融资效率层面上关键因素典型相关分析信息汇总表

控制变量（C层面）	典型变量	效标变量（E0层面）	典型变量
X 变量	Φ_4	Y 变量	Φ_4
D1 证券投资市场	0.106（0.267）	E1 企业融资成本	0.801（1.03）
D2 产权交易市场	0.877（1.5）	E2 企业融资渠道	0.413（3.172）
D3 风险投资市场	0.249（2.274）	F 资金利用能力	0.298（0.822）
		典型相关系数	
		ρ	0.968（0.617）

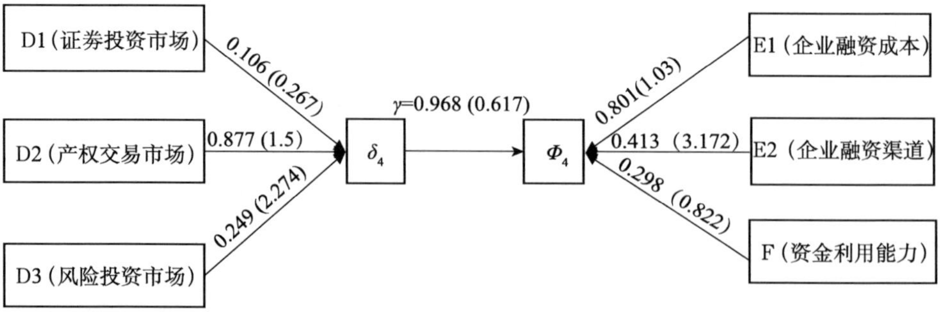

图 9-18 资本市场融资系统与融资效率的典型相关分析路径图

H6 检验：S（金融服务体系）对 E0（融资效率）有显著影响。

根据表 9-15 相关数据，绘制金融服务体系与融资效率层面的典型相关路径，如图 9-19 所示。

表 9-15 金融服务体系与融资效率层面上关键因素典型相关分析信息汇总表

控制变量（S层面）	典型变量	效标变量（E0 层面）	典型变量
X 变量	Φ_5	Y 变量	Φ_5
A 宏观金融政策环境	0.288（1.148）	E1 企业融资成本	0.591（1.017）
B 金融产业配套平台	0.063（0.886）	E2 企业融资渠道	0.391（0.119）
C 间接融资系统	0.221（−1.013）	F 资金利用能力	0.206（1.165）
D 资本市场融资系统	1.038（1.296）		
		典型相关系数	
		ρ	0.946（0.575）

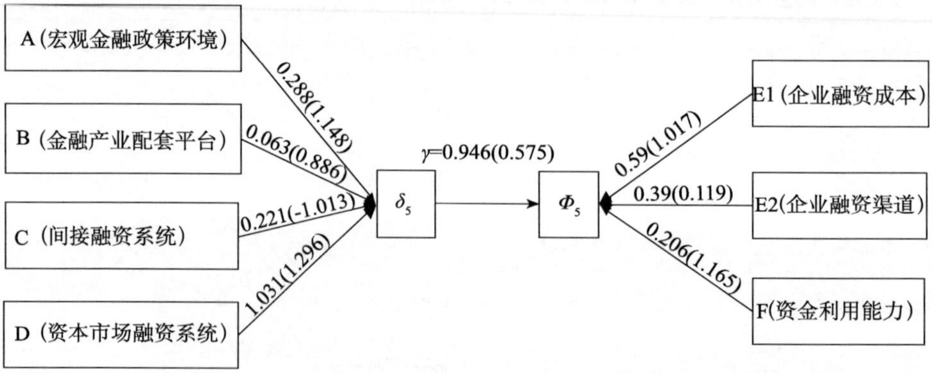

图 9-19 金融服务体系与融资效率层面典型相关分析路径图

由图 9-19 可知，金融服务体系与融资效率之间存在影响，且通过两组典型变量实现，第一典型相关系数为 0.946，第二典型相关系数为 0.575，且两组结果均通过了显著水平检验，即在 0.01 的水平上显著相关。

以上对 B 与 E0、C 与 E0、D 与 E0 及 S 与 E0 层面进行的典型相关分析同前面的 A 与 E0 层面的分析流程相同，由分析结果可以得出以下结论。

(1) 从表 9-11、图 9-15 可知，有两个典型相关存在于 A 与 E0 层面之间，结合前文的模式图得出：宏观金融政策环境层面上的因素通过两个典型变量与融资效率具有典型相关关系。

(2) 根据表 9-12、图 9-16 可知，在 B 与 E0 层面上存在两个典型相关，即金融产业配套平台的各种因素可以通过两个典型变量与融资效率具有典型相关关系。

(3) 根据表 9-13、图 9-17 可知，在 C 与 E0 层面上仅存在一个典型相关，即间接融资系统各因素可以通过一个典型变量与融资效率具有典型相关关系。

(4) 根据表 9-14、图 9-18 可知，在 D 与 E0 层面上存在两个典型相关，即资本市场融资系统各因素可以通过两个典型变量与融资效率具有典型相关关系。

(5) 根据表 9-15、图 9-19 可知，在 S 与 E0 层面上存在两个典型相关，用典型相关方法进一步验证了前文积差相关分析的结果。即金融服务体系各个构成层面的内部各因素可以通过两个典型变量与融资效率具有典型相关关系。

至此，H1～H6 得到了验证。

总的典型相关分析如表 9-16（ρ-典型相关系数）所示。

表 9-16 典型相关系数

关系	典型变量		ρ
A－E0	第一典型变量	A：$\delta_{21}=0.547A1+0.627A2+0.034A3+0.604A4$ E0：$\Phi_{21}=110.16E1+0.664E2+1.149F$	0.678
	第二典型变量	A：$\delta_{22}=0.423A1-1.784A2+1.344A3-0.077A4$ E0：$\Phi_{21}=1.52E1-1.926E2-0.856F$	0.377
B－E0	第一典型变量	B：$\delta_{31}=0.319B1+0.304B2+2.056B3$ E0：$\Phi_{31}=1.27E1+0.478E2+0.637F$	0.706
	第二典型变量	B：$\delta_{32}=4.309B1-4.139B2+0.908B3$ E0：$\Phi_{31}=0.828E1-2.503E2-0.684F$	0.569

续表

关系	典型变量		ρ
C－E0	第一典型变量	C：δ_4＝0.428C1＋1.03C2 E0：Φ_4＝0.654E1＋0.508E2＋0.298F	0.870
D－E0	第一典型变量	D：δ_{51}＝0.106D1＋0.877D2＋0.249D3 E0：Φ_{51}＝0.801E1＋0.413E2＋0.298F	0.968
	第二典型变量	D：δ_{52}＝0.267D1＋1.5D2＋2.274D3 E0：Φ_{52}＝1.03E1＋3.172E2＋0.822F	0.617
S－E0	第一典型变量	S：δ_{61}＝0.288A＋0.063B ＋0.221C＋1.038D E0：Φ_{61}＝0.591E1＋0.391E2＋0.206F	0.946
	第二典型变量	S：δ_{62}＝1.148A＋0.886B －1.013C＋1.296 E0：Φ_{62}＝1.017E1＋0.119E2＋1.165F	0.575

典型相关分析总的结论如表 9-17 所示。

表 9-17 典型相关分析结果与假设检验结论

作用关系	典型相关系数 ρ（括号中的是第二典型变量的相关系数）	结果
H2	0.678（0.377）	接受
H3	0.706（0.569）	接受
H4	0.870	接受
H5	0.968（0.617）	接受
H6	0.946（0.575）	接受

第四节 研究结果讨论

一、西安高新区金融服务体系关键因素分析结论

（一）政策制度

政府针对西安高新区的优惠政策制度对金融服务体系服务水平的提升至关重

要，但科技政策的作用和科技投入力度有限，真正能申请到的中小高新技术企业数量有限。

（二）配套平台

西安高新区金融服务配套平台发展水平较西安其他地区高，并且对西安高新区金融服务体系其他层面影响较大，但问卷的调查显示西安高新区区内企业对金融中介平台的整体满意度不高。

（三）融资渠道与资本市场

融资渠道与资本市场存在的问题主要表现如下：“中小”企业和“高新技术”企业的双重身份使这类企业取得银行信贷支持非常困难，银行“惜贷”现象严重；中小高新技术企业运用融资租赁方式的总量仍处于发展初期，没有成为其融资的主流方式，对解决中小高新技术企业融资问题根本未起作用；退出机制不完善，导致创业风险投资的发展、私募方式下风险投资的资额和投资企业的数量都不足以满足中小高新技术企业的融资需求；企业股票与债券发行要求高，除极少部分企业可通过发行股票或借壳上市融资外，对于中小高新技术企业来讲，发行企业债券几乎“没门”，绝大多数企业无法利用国内证券市场进行融资；香港创业板市场等资本市场上市费用较高，审批手续烦琐，只能解决小部分中小高新技术企业的融资问题。

（四）企业内部治理不完善

企业缺乏长期的资金战略规划，不能主动根据自身发展的不同阶段，制订相应的融资计划，合理适时地进行融资安排。在吸收风险投资、公开的权益性或债务性融资方式下，中小高新技术企业与投资者之间普遍缺乏畅通、快捷的沟通，信息披露是否及时与全面已经成为融资成败的关键。

二、西安高新区金融服务体系与企业融资效率关系研究

通过对融资效率相关文献的总结，本书提出了融资效率关键影响因素的作用关系，探索性研究并分析了西安高新区金融服务体系与高新技术企业融资效率的关系，研究结论如表 9-18 所示。

表 9-18　研究结果一览表

假设	验证方法	验证结果
假设 1：西安高新区金融服务水平所包含的四个评价因子：宏观金融政策环境（A）、金融产业配套平台（B）、间接融资系统（C）、资本市场融资系统（D）与西安高新区企业融资效率（E0）之间存在显著的相关关系	积差相关分析	双边检验显著值在 0.01 水平上显著正相关
假设 2：西安高新区宏观金融政策环境（A）会对融资效率（E0）产生重要的影响作用	典型相关分析	西安高新区宏观金融政策环境通过两个典型变量对融资效率产生影响
假设 3：西安高新区金融产业配套平台（B）会对融资效率（E0）产生重要的影响作用	典型相关分析	西安高新区金融产业配套平台通过两个典型变量对融资效率产生影响
假设 4：西安高新区间接融资系统（C）会对融资效率（E0）产生重要的影响作用	典型相关分析	西安高新区间接融资系统通过一个典型变量对融资效率产生影响
假设 5：西安高新区资本市场融资系统（D）会对融资效率（E0）产生重要的影响作用	典型相关分析	西安高新区资本市场融资系统通过两个典型变量对融资效率产生影响
假设 6：西安高新区金融服务体系（S）会对融资效率（E0）产生重要的影响	典型相关分析	西安高新区金融服务体系通过两个典型变量对融资效率产生影响

第十章　西安高新区总部经济发展对策建议

第一节　明确总部经济发展定位

西安高新区要重视总部经济的发展，在借鉴其他地区总部经济发展经验的基础上，立足西安高新区产业基础及区域功能定位，对总部经济的发展进行科学定位，明确重点吸引的总部类型。

一、结合西安高新区资源优势来发展总部经济

北京林业大学陈建成教授在《总部经济理论与实践研究》一书中指出，总部在选择区位的过程中，首要考虑的是当地资源禀赋情况，那些与企业总部资源需求相吻合的区域将最有可能吸引企业总部的发展，而且总部经济是高端经济，要支撑这样的高端，就需要有完善的区域功能。因此，西安高新区发展总部经济要基于西安高新区的区域功能，吸引大量依赖该区域功能的总部经济企业。

从这一角度看，西安高新区应重点吸引承担研发功能和商务功能的企业总部，特别是承担研发功能的总部。企业为了充分利用不同地区的不同资源优势，往往将总部的各项职能分别赋予不同的分支机构，因此就出现了行政总部、研发总部、营销总部等不同职能的企业总部。由于职能不同的总部对资源的需求各不相同，所以企业在对不同职能总部进行选址时所关注的要素也有很大差异。例如，研发总部选址时往往比较重视高等院校与科研机构的密集度、各类研发人才获取的难易程度等。因此，西安高新区应充分发挥丰富的人才、科技资源优势，积极鼓励跨国公司在园区设立研发机构，提高其在华制造活动在全球市场的竞争力，提升西安在全球分工中的地位，并通过“溢出效应”带动和促进西安本地企业及各种科研单位的研发和创新活动，增强西安的科技竞争力和自主创新能力；充分利用金融决策、信息、交通等方面的优势及较为广

阔的市场，积极吸引国内外大型企业的营运中心、采购中心、销售中心、结算中心等入驻。

二、结合西安高新区所属的城市能级发展总部经济

不同能级的城市具有不同的经济影响力、聚集力和辐射力，总部经济发展根据不同的城市能级将呈现多层次发展格局。西安是陕西的省会，是西部地区的经济、科技、文化中心。西安在西部地区具有枢纽性的地位。在赵宏的《总部经济发展能力评价》中也能够看到，西安处于第三能级发展城市。因此，基于西安的城市区位，西安高新区发展总部经济应定位在西部地区总部的能级上。同时，基于西安高新区在科技能力，特别是某些产业科技能力在国内的领先地位，在具体产业的研发中心上，西安完全具有成为中国地区总部的实力。

西安作为我国的区域性中心城市，还不具有全国辐射力，在国际社会中的影响力和知名度不高，对国际性跨国大公司的吸引力远不如北京、上海、广州等全国性的中心城市，但是可以看到，截至 2007 年年底已经有许多跨国公司地区总部或分支机构入驻西安，特别是西安高新区，这对西安经济发展发挥了重要作用，这些已入驻的跨国公司地区总部或分支机构是西安的存量资源优势，会对吸引其他跨国公司地区总部和分支机构的入驻产生积极影响。西安高新区应充分利用自身优势，尽量多地吸引世界 500 强企业及具有较大国际影响力的跨国公司地区总部入驻。改革开放以来，中国企业不断成长壮大，大型企业集团已经成为中国经济发展的重要力量，尤其是世界 500 强企业集团实力雄厚，在中国经济发展中拥有巨大的影响力。随着国内企业集团的迅速壮大，越来越多的大型企业集团开始采用更高层次的管理经营模式，实现总部与各分支机构在空间上的分离。

因此，西安高新区要下大力争取世界 500 强企业、跨国公司、大型上市公司等知名强势企业到西安高新区总部基地设立研发中心、采购中心、营销中心、结算中心等功能性总部或综合性总部，以及大企业、大集团的区域性总部，引进这类区域性总部是抢占总部经济发展制高点的关键。西安高新区着力引导省内地市企业把决策性、投资性、经营性、研发性总部迁移至区内，重点是引进打算设在西部但能辐射全国的省内企业。

第二节 科学规划打造平台

西安高新区在发展总部经济时要以西安市总体规划为指导，以现有要素资源

和产业条件为基础，以企业总部对城市区位及服务需求为依据，结合“十一五”规划中主体功能区定位，按照总体规划、产业规划、空间布局规划相衔接的要求，合理规划总部企业集中发展区，着手制订《西安高新技术产业开发区总部经济发展专项规划》，重点做好功能分区、空间结构、道路结构、标志性建筑等规划内容，科学推进西安高新区总部基地建设。明确总部经济的产业和区域发展重点，从整体上进行统一规划，处理好总部集群布局与分散布局的关系，体现规划的科学性、前瞻性和综合性。

一、做好建设西安高新区总部基地总体性规划

一方面，西安高新区要加强总部经济聚集区内的土地储备和规划控制，把整个西安高新区纳入集中打造西安高新区总部经济园区的范围进行规划，最大限度整合闲置和未利用工业用地，尽快争取调整工业用地转商业用地规划，从而高效配置土地资源，进一步提高土地利用效率，为总部经济集中发展提供载体资源。以重点区块、重点项目为抓手，整合整体空间形象、建筑布局和环境体系，按照“政府引导、市场运作”的原则，高标准、高水平打造环境优美、配套完善、独具特色的总部经济发展平台，为企业总部落户创造基础条件。同时，加强宣传力度，对高新区以研发为特色的总部聚集区进行全方位“打包式”筹划、包装、宣传、推介，不断塑造西安高新区总部经济园区的整体形象。

另一方面，把打造西安高新区总部基地与西安高新区现有产业发展基础相结合，从区域经济发展高度对高新区工业产业格局进行规划，可利用西安高新区现有的制造业基础、各科技园区基础和商务基础，引导总部经济合理布局，打造若干特色鲜明、功能互补的总部聚集区，带动现代服务业的快速发展，实现高新区产业结构升级和城市功能提升，增强西安高新区的综合竞争力（高振刚，2007）。

二、加紧制订西安高新区总部基地发展总部经济规划

西安高新区应争取及时调整规划条件，做好功能分区规划和控制性详规，完善金融、保险、邮电、通信等现代服务业配套规划，确保解决总部企业入驻西安高新区总部基地的办公场地和配套设施等规划建设问题。

在不改变周边配套现有规划的前提条件下，西安高新区应加紧完善周围生活功能配套区建设，要按照区域统筹发展的要求，加强西安高新区总部聚集区与周边区域乃至国内外其他区域的合作，从全局的战略高度协调处理可能出现的各种矛盾，变水平的非理性竞争为垂直价值链不同区段上的友好合作，从而实现区域共赢。

第三节　发展与主导产业相关的总部经济

西安高新区的主导产业在国内外具有一定的市场影响，因此，发展总部经济可以重点吸引支柱产业的相关企业或分支机构，并围绕支柱产业吸引上下游配套总部经济项目，形成特色总部集聚区，使西安高新区总部经济发展和园区发展达到一种良好的耦合状态。

西安高新区已形成了电子信息、装备制造、生物医药、新材料四大主导产业，其下又有集成电路、通信设备、软件、汽车零部件及专用汽车制造、电力电子设备制造、专用通用设备制造等多个具有相当实力的产业集群。正是这些产业集群的存在，才形成了西安高新区内相关知识的高度聚集，形成了知识创新的原动力。发展好这些产业，才能一方面在产业中形成一批可以称为总部级别的企业，另一方面吸引相关领域大型企业总部落户西安高新区。

一、扩大主导产业规模促发展

不同专业化分工的企业集群在一起进行协作生产，可以使知识的外部性较好地发挥，从而使西安高新区对研发型总部更具吸引力。同时，也能实现大量采购、大量销售、大量运输，使得相应价值链环节的成本降低，也促进服务型总部发展。

西安高新区政府适时地帮助扩大产业规模是必要的。政府的帮助可以在两个层面上实现，一是帮助引进配套企业，政府可以通过环境体系，为配套企业提供价值创造的优势，节约它们在要素投入、市场销售等方面的成本，弥补配套企业在地理转移等方面增加的成本；二是帮助区内已有的同类企业，创造它们交流与合作的平台，促成它们的整合，完成相应的一体化活动或者分工合作等。通过这样的努力，可以缩短产业集群成长的时间。

另外，一些跨国公司在入驻西安高新区的过程中的直接投资和技术转让能对产业发展起到极大的推动作用，更对高新区总部经济的发展有促进作用。因此，要求西安高新区加大招商的力度，明确招商重点，着力引进国际著名公司和国内龙头企业，特别是西安高新区主导优势产业的企业（赵红专，2006）。

二、引导企业在价值链中合理定位

产业集群最重要的特征是产业分工协作关系和由地理上高度密集而导致的产业互动关系。从国际上的经验看，构筑以上特征最常见的企业联结模式表现为“供应商-用户”关系，为此，要求西安高新区内每个企业要对自己在价值链中处于什么位置有一个合理的定位，从而在特定的细分市场定位上营造自己的独特优势并促进整个产业集群产品结构优化。整个集群内部企业以价值链连接实现上下游产品的联结，每个环节上的企业都实现一定的规模效应，同时使集群整体能力最大程度地实现。

当园区内企业处于一个很好的定位分布状态时，处于价值链高端的企业自然就会具有总部的性质。这些企业的主要精力已经放在研发、销售环节，生产制造环节外包给在价值链低端的企业。

三、建立横向竞争企业或相关企业之间的竞争合作模式

在西安高新区已有的产业集群内部，企业之间是一种相关竞争的关系，这些竞争企业和相关企业间合作的难度较大，但是，由于企业间产出的差异性和互补性，它们之间仍然存在很多合作可能。对具有差异性的企业，可以有销售渠道上的共享；对具有互补性的企业，不但在市场上可以互动，在产品开发活动中也可以合作。这些竞争性企业和相关企业之间，由于在相似产品生产过程中投入要素的相同或相似，也为它们实现资源共享提供了可能。

这些企业在研发和销售环节的合作，对催生总部经济有很大的意义。为了促进这种合作互动，政府应通过相应的政策来引导，通过共性项目的立项及成员企业的共同参与来开发。

第四节 营造总部经济发展的良好环境

一、完善基础设施状况优化人居环境

首先，西安高新区根据总部经济发展的要求，一方面可以加快区内的道路交通规划和建设，重点加快总部聚集区与商务配套区、生活配套区之间的道路交通建设，积极发展轨道交通，合理规划公共交通综合换乘枢纽，解决交通拥堵问

题；另一方面也可以拓展地下空间，形成地下道路交通网络，缓解总部聚集区内的地面交通压力。

其次，西安高新区要加快区内的信息网络建设，完善网络基础设施，为企业总部构建准确、完整、实时的内部远程控制系统提供基础保障；加快电子商务、电子政务体系建设，搭建网络安全认证、交易清算等核心支撑平台，为企业总部提供安全、高效的现代化信息服务体系。

此外，西安高新区要进一步优化生活环境，适应总部经济的发展要求，加强生活配套区的规划，建设高档次的餐饮、健身、娱乐、休闲等生活设施；加强对旧城区的改造，改善生活配套区的生态环境，建设环境优美、设施完备、功能健全的高水平生活社区。

二、制定和完善总部经济相关政策和制度

为鼓励国内外企业在西安高新区设立总部，促进西安总部经济发展，西安高新区应在对企业总部进行明确界定的基础上，从税收、人才等多方面制定出比较完善的政策，并指定专门机构对企业总部进行监督和管理，加强政策执行力度，特别是要大力培养和引进适应总部经济发展要求的各类型人才，制定企业总部高级管理人员出入境、购房、购车、子女入学等相关配套政策，为总部经济发展创造良好的人才环境。

同时，西安高新区要优化法律、法规环境，完善与总部经济发展相适应的法律、法规，围绕企业总部需求，在知识产权保护、规范市场秩序、信用体系建设等方面加大执法力度，强化执法监督，为总部经济发展营造良好的法制环境。

三、加快知识密集型服务业发展

西安高新区要适应总部经济的发展要求，加快银行、证券、保险、担保服务等金融服务业，会计、法律、资产评估、公关等中介和信息服务业，会议展览、国际商务、现代物流、教育培训等新型服务业的发展，提高服务业水平，构建发达的知识型服务业体系，为总部经济的发展提供完善、全面的配套服务。

同时，西安高新区要积极提升西安的国际化水平，加快西安多语种标志系统建设，增加多语种信息服务网站，营造多元文化氛围；加快城市管理体制改革，建设与国际接轨的城市综合服务体系，提高西安的国际化程度，为国际知名企业总部的入驻创造良好环境。

第五节 用知识创新带动西安高新区总部经济发展

一、加快建设和完善产学研合作的知识创新体系

（一）实现产学研合作的协同效应

西安高新区应明确不同主体的地位和职能，在以政府为引导、企业为主体的产学研合作体系中，企业、大学、科研机构、政府是主要参与者，要明确不同主体的地位和职能，形成不同组织、不同内容的合作系统的良性运行和知识流动的畅通，实现产学研合作的协同效应。

（二）探索建设不同的产学研合作组织模式

西安高新区可以通过以下几种方式探索建立不同的产学研合作组织模式。

一是建立按产业设立的产学研合作协会，形成独立的、非营利性的产业研究开发协会，作为政府与企业之间的桥梁、产学研合作的主要协调者；二是共建经济实体，主要包括共建重点实验室、工程技术研究中心、技术开发中心、共建企业，逐步实现从松散型合作向紧密型的组织模式发展；三是发展以企业为主体的项目合作，可以有基于政府推动的、以围绕产业发展所需要的共性技术和关键技术的解决为目标的、以企业为主体的产学研合作计划；基于项目的技术转让形式的产学研合作；基于项目委托开发形成的产学研合作；基于项目合作开发形成的产学研合作。多种形式的产学研合作模式，可以充分发挥企业、大学、科研机构、政府在人才培养、知识创新扩散中的作用，为高新区的知识创新、获取和扩散应用提供源泉保障和支持，提高企业的自主创新能力，为培育一大批创新型企业提供知识和技术保证。

（三）完善具有开放合作利益分享的机制和政策

西安高新区应发挥和利用西安众多大学、科研院所、大型企业研发机构和重点实验室的功能，通过大型科学仪器设备的协作共用，自然科学资源、科学数据和文献信息资源的共享利用，以及科技网络环境和政策制度建设，从而构成高新区知识创新体系的公共科技基础条件平台，为知识创新提供条件保障。

（四）探索和建立促进产学研合作的政策

根据地方政府和科技园区的科技和产业需要，西安高新区可以制订“由应用引起的基础研究”计划，并且不断加大比重，引导企业、大学和研究所共同参与知识创新，把产学研的重点放到优势企业和产业集群，帮助提高技术能力和产业竞争力，设立专业化的产学研协会，加强政府的组织领导，其主要的特点和功能是以企业为主体；主要目的是在政府、大学研究所和企业间建立一个桥梁；许多政府引导的项目可以通过协会来实施；通过协会可以更好地凝聚产业界的需求；协会可以在产业投资、知识产权分享、利益冲突化解等方面发挥重要作用；建立和完善有利于各方面的知识产权制度；完善政府采购制度，特别是建立更加有利于中小企业的政府采购制度。

二、建设知识创新平台促成果转化与扩散

（一）加强知识创新研究开发平台建设

西安高新区应围绕支柱产业和产业集群的发展需要，有计划地建设一批知识创新研发平台，利用政府财政专项基金投资资助引导产业、企业、研究机构共同投资的方式，建设一批有核心技术和特色的科研中心或基地，形成若干个高水平、新机制、与国际接轨的重点实验室、工程技术研究中心、企业技术中心。

（二）加强知识基础条件平台建设

西安高新区应以共享机制为核心，以资源整合为主线，重点建设科学仪器、自然科技资源、科技文献信息、空间数据库、网络环境与相关技术标准等物质与信息保障系统，共享机制和政策法规保障体系、专业化人才队伍，促进全社会科技资源高效配置和综合集成。由于公共技术服务平台建设具有一定的公共性和对中小科技企业创新的重要性，所以政府的科技资金应以支持公共技术服务平台建设为重要领域。西安高新区基本建成完整的全市科技资源共享服务体系、管理体制及其运行和绩效评价机制，为西安知识创新和社会发展提供持续有效的科技资源支持。

（三）加强科技成果转化平台建设

西安高新区应创新孵化器发展和建设的模式和机制，政府要为孵化器的发

展提供融资支持、税收优惠和其他政策法律保障。围绕高新区的特色优势产业集群，西安高新区应推进孵化器和产业联盟建设，要积极引导专业孵化器朝产业集群方向发展，建立广泛的孵化器联盟交流平台，完善以专业孵化器和大学科技园为核心的创业孵化体系建设。西安高新区应鼓励各类孵化器，包括创业服务中心、留学人员创业园和大学科技园等服务机构的建设，鼓励高等院校、科研院所、企业等多元主体创办各类专业孵化器，形成多样化的模式和机制，促进金融机构与风险投资机构参与孵化器的建设及在孵企业的融资，可尝试孵化器直接开展风险投资、孵化器吸收风险投资、风险投资直接创办孵化等多种投融资模式。

（四）创新扩散支持体系建设

西安高新区应促进知识的流动和扩散，提高创新能力，以行业协会为例，其功能主要侧重于信息的传递，突破信息不对称的屏障，能够为同行业企业提供拉近认知距离与社会距离、建立共同规范的机会和场所，西安高新区也可以通过研究交流会议、开设论坛、组织专题研讨等方式进行各种行业交流，以促进企业间的认知，提高企业间的信息度，促进思路创新与碰撞。

（五）知识创新体系建设

以园区龙头企业带动形成的主导产业集群为依托和服务对象，建立具有产业性质和特色的知识创新体系，可以逐步规划和筹备建设通信产业、集成电路产业、电力电子及电力设备产业、汽车产业、生物医药产业创新研究院或者工程研究中心，形成以龙头企业为带动的知识创新体系。

三、构建创新扩散合作机制与社会网络

（一）构建知识共享、诚信合作的文化氛围

西安高新区应鼓励知识和技术等资源在高新区知识创新主体的各个层次实现自由流动。园区内鼓励知识共享，还应创造更多种知识共享和交流平台，以利于员工相互学习和相互增进。要鼓励高新区知识创新主体减少自我保护意识，消除知识创新主体心理障碍，充分实现交流与共享，实现整个知识创新体系的共同创新、共同发展。加强文化建设，提升园区创新活力。

（二）搭建信息交流与沟通平台，促进知识创新主体的交流与合作

西安高新区应搭建综合信息服务平台，为园区内知识创新主体提供综合信息服务，以高新区网站为基础，按照现代企业制度的要求通过资本运作，将相关部门和单位独立的网站、分站的信息资源整合集成起来。政府应提供资金支持，创设知识创新人才聚集交流中心，为知识创新人才交流与沟通提供活动场所。在政府的扶持和帮助下成立由企业、科研院所及高校组成的技术创新协会，交流近期的技术创新活动和领域，促进知识创新需求与供给信息在企业、科研院所和高校之间传递与沟通，共同研究和探讨知识创新前沿方向，增强知识创新各主体对前沿方向的把握程度。西安高新区可以不定期举办区域内外的项目招标与成果交易会，提高研发效率与创新成果的转化率，还可以不定期举办不同规模的西安高新区项目招标会和技术成果推荐会，邀请相关企业、科研院所和高校相关人员参加，促进研发项目与研究成果在更广的范围内实现优化配置，扩大西安高新区知识创新体系资源配置范围与效率和效益。

（三）营建西安高新区社会网络，获取创新的社会网络效益

良好的社会网络在知识创新体系中扮演着提供信息资源、减少不确定性、树立企业声誉、引介与桥接的角色。然而，社会网络不是天然存在的，而是根据企业自身现状和环境有意识地营建和构造的。由专业服务机构、经济实体、政府机构构成的社会网络成员关系是正规性的商务网络型关系，社会网络成员从社会网络中获取对等交易条件、合作默契与合作时效、技术转移、产品研发、咨询顾问、公司财务绩效等社会网络收益。西安高新区企业要充分认识到高校及科研机构作为企业“人才源”的重要作用，努力与高校实现人才共享。企业也应将高等院校和科研机构视为企业技术源，努力寻求与其进行创新合作，努力推进大学管理创新，共创产学研结合共赢新局面。

第六节　打造西安高新区金融服务平台促总部经济发展

截至2007年年底，西安高新区已经进行了有益的金融服务创新探索。西安高新区和多家金融机构合作推出了许多新的金融产品：和中国人民银行合作的诚信园区试点、企业动产抵质押、企业债券的打包发放；和国家开发银行合作的企业软贷款、资本金注入；和中国建设银行合作推出了“以龙头企业授信额度为基础支持产业链上下游企业信贷”的信贷模式和个人信誉贷款方式；和中国银行合

作推出了园区联系制；和中国信合合作的促进企业贷款、担保工作的风险共担制度；和上海浦东发展银行、东亚银行研究合作的中小科技企业信用和信贷结合制度；和中信银行进行促进企业进出口方面的合作；交通银行、西安市商业银行也纷纷希望和西安高新区合作。

这些创新已经在一定程度上方便了高新区内企业，但为了用更多方式积极扩展企业融资渠道，进一步满足高新区的发展，还要进行更多的金融服务创新探索。

一、建立中小高新技术企业信用担保体系

通过建立中介机构行使信用担保的职能是解决金融交易中信用不足而产生的金融阻塞问题的有效途径之一，特别是对于众多难以通过资本市场等途径获得金融支持的高科技中小企业来讲更是如此。由于规模有限，难以提供充足的抵押品，也不可能有足够的资产净值，所以信用担保实质上发挥了类似于抵押物的作用，在资金需求者抵押物品不足、缺乏信用记录的情况下，通过第三方的介入，减少交易风险，可弥补信用不足可能造成的金融堵塞。

通过征信体系的建设可以促进企业树立并增强信用意识。信用制度的建设应包括以下两方面内容。

(1) 在两个层次上建立金融机构的信息咨询共享系统，首先是建立一个面向金融机构的全国性大型信息库，其次是建立地区性的信息库。因为地区性信息库中信息的获取成本应更低一些。西安高新区管委会可以设立区域内企业资信信息数据库，整合区内企业信息，节约信用评价过程中信息获取的成本。

(2) 发展民间的信用调查部门，鼓励民间出资组建按市场化运作的资信评估和项目评估机构，如信用管理机构、信用调查公司、地区性信誉机构等，并促进这些机构形成完善的信用信息网络。

同时，通过政府的倡导和协调，联合金融监管、经贸发展、工商税务、土地房产、银行担保、诚信企业等相关部门建立信用联盟，在信贷等业务合作中有选择地广泛征询相关部门对服务对象的信用记录以供金融企业参考，通过各部门的联动可以达到对企业情况知情于前、对已开展业务风险防范于后的效果，通过应用发挥不同部门的信用记录，通过选择和对诚信的宣传，树立诚信西安高新区形象。

二、完善适合中小高新技术企业特征的间接融资市场体系

(一) 组建全国或区域性中小企业政策性银行

西安高新区可在城市合作商业银行、城乡信用社的基础上建立政策性和商业

性的中小企业银行，专门扶植中小企业发展，在此基础上，组建全国或区域性中小企业政策性银行。政策性中小企业银行资金来源主要是财政专项拨款，此外部分通过向中国人民银行再贷款、向金融机构发行政策性金融债券或其他方式来解决。中小企业政策性银行的职责主要是对需要扶持的小企业发放免息、贴息用低息贷款，充分发挥地方性非国有商业银行对当地经济情况比较了解的优势，为中小企业服务。

（二）完善信贷管理机制，加强对以中小企业为主的民营高新技术企业的信贷服务

（1）西安高新区应改进贷款授权授信制度，下放贷款权限，金融机构要顺应中小企业特点，减少对客户的管理层次，简化审批程序，加大基层行和信贷员的贷款权限和责任。

（2）西安高新区既要落实风险防范措施又要建立信贷激励机制，做到责权明确、奖惩分明。

（3）西安高新区要完善中小企业信用评级体系，使信用评级科学合理地反映中小企业的资信状况和偿债能力，为贷款发放提供便于操作的可靠依据。

（4）西安高新区要允许签核行在核定的贷款额度内自审是否发放贷款。对市场前景好、信誉好、效益好的高科技中小企业要放宽贷款条件，扩大授信额度。对信用等级优良的小企业可允许发放部分信用贷款，对小企业在授信领度内允许信用卡透支。

（5）西安高新区对信誉好的中小企业票据，银行要办理承兑和贴现，以加速资金周转。

（6）西安高新区应尝试企业法人代表和财务负责人贷款连带责任办法，以防范“道德风险”。

（7）西安高新区应简化中小企业不良贷款核销程序，调动银行对中小企业贷款的积极性。

三、完善适合中小高新技术企业的直接融资体系

西安高新区应积极发展风险投资机构，设立创业板市场，为风险资本的退出提供渠道，为以中小型企业为主的高新技术企业提供上市融资的场所。

（1）西安高新区应完善以产权交易为主的柜台交易市场，为中小高新技术企业的资源合理流动、产权转让及并购等提供条件。在这个市场上再分层次，可建立一个中央场外交易市场，把报价系统和柜台交易两个市场集于一身。同时还应培育区域性的场外交易柜台市场。

（2）西安高新区应促进风险投资市场的法规制度建设。不断改变目前政府资金投入风险投资行业的状况，让民间资本成为风险投资的主角，同时积极引进和培养风险投资人才。政府应从各方面对风险投资业进行扶持，包括加强对风险投资的宣传、制订发展规划、进行税收减免、制定风险投资法规、对风险投资的运作实施监管等。特别是其中的税收问题，税收优惠是促进风险投资发展最有效的工具，世界各国均对从事风险投资业的公司进行极为优惠的税收减免。相比之下，西安高新区税收优惠措施力度仍有待加强。例如，对投资于风险企业的风险投资基金免征所得税；风险投资基金向投资人分配所持证券时免征资本收益税，只是在这些证券出售变现时才征收资本收益税。

（3）西安高新区应降低企业发行债券的条件，拓宽中小高新技术企业直接融资的渠道。西安高新区政府要引导投资和金融服务创新。美国“硅谷”中的高科技企业能成为新经济的主角，得益于几项法律：《小企业投资法》、《股票弃权促进法》、《小企业股权促进法》和《小企业创新发展法案》。其中两项法律鼓励成立投资公司，弥补了美国中小企业在资金筹措方面的空缺，同时推动了技术创新，吸引了风险投资的加入。

四、强化政策性金融支持促总部经济发展

西安高新区应该为金融产业家设立创业投资引导母基金，参与发展创造原动力。力争在“十一五”期间使高新区上市上柜企业达到100家；参与和引导国内外一流的创投基金投资高新区，如首期5亿元的母基金将直接调动20多亿元的创投基金进入西安高新区。创业投资的兴旺和大批企业的上市将为西安高新区金融业的发展注入活力，将成为金融业发展、辐射的雄厚基础。

同时，西安高新区应大力发展总部经济、鼓励和聚集国内国际一流的研发中心、鼓励创意产业的发展、努力发展外向型经济、鼓励企业拓展国际化业务，从而最大限度地发挥高新技术企业的带动辐射作用，并通过高新技术产业的辐射推动金融业的跨地域发展。

此外，继续加强政策性金融支持是引导其他资金投入高新技术产业的有效方式。政策性金融以政府的经济政策或意图作为业务活动的根本依据，其融资准则具有明显的非商业性，一般被要求从事若干具有较高金融风险的融资活动。政策性金融的介入，不仅为高新技术企业在种子期或科技成果化与商业化的早期阶段提供信贷资金支持或提供担保、参股等方式进行融资，还能进一步推动产业结构升级，充当高新技术产业的助推器。

五、持续开展金融创新改善服务水平

金融发展史上的每一次重大突破都视为金融创新。从政府或金融当局和金融机构的角度，西安高新区应适应总部经济发展的战略规划，为更好地实现资金的流动性、安全性和营利性目标而逐步改变金融中介功能，创造和组合一个新的高效率的资金营运方式或营运体系。

从金融工具创新的角度，西安高新区可以从四个方面改进：信用创新，如用短期信用来实现中期信用；风险转移创新，包括能在各经济机构之间相互转移金融工具内在风险的各种新工具，如货币互换、利率互换等；流动型创新，包括能使原有的金融工具提高变现能力和可转换性的新金融工具，如长期贷款的证券化等：股权创造创新，包括使债权变为股权的各种新金融工具，如附有股权认购书的债券等。

参考文献

艾伯特·赫希曼．1991. 经济发展战略．北京：经济科学出版社：38-42.

鲍健波．2009. 现代服务业布局优化对策．区域经济，（4）：37-39.

北京市发展改革委员会．2007. 北京市“十一五”时期中关村科技园区发展规划．http：//baike. baidu. com/view/5422316. htm. ［2008－09－28］

蔡铂，聂鸣．2003. 社会网络对产业集群技术创新的影响．科学学与科学技术管理，（7）：56-60.

曹丽燕．2006. 世界高科技园区的发展趋势．科技管理研究，（9）：35，36.

陈静，艾卉卉．2009. 我国服务业的现状及其发展策略．经济管理，（3）：53.

陈萍．2007. 区域知识创新与竞争优势．西北民族大学学报，（1）31-35.

陈文科．2006. 当前我国总部经济发展的几个问题．经济研究，（6）：14-18.

迟树功．2008. 发展现代服务业研究．北京：经济科学出版社：37-44.

樊秀峰，郑东．2008. 内外资对国家高新区技术创新能力影响研究——以西安高新区为例．科技管理研究，（6）：8-10.

冯卓．2008. 我国高新区自主创新能力评价研究．沈阳师范大学学报，（4）：236-238.

傅正华，王媛，牛芳，等．2008. 北京创新型服务业研究．北京：社会科学文献出版社：9.

高鹏．2007. 乘风破浪正逢时——西安高新技术产业开发区调研报告．发展，（12）：45，46.

高振刚．2007. 城市总部经济发展研究．山东大学硕士学位论文：41，42.

郭建国，孔凡娜．2006. 对黑龙江省高新技术产业金融支持问题的分析．哈尔滨商业大学学报（社会科学版），5：74- 77.

郭建国，孔繁娜．2007. 论我国高新技术开发区金融支撑体系的构建．商业研究，（6）：147-149.

郭萍．2007. 主导产业的选择方法与应用研究．区域经济，（7）：119，120.

国务院发展研究中心．2001. 国务院发展研究中心调查报告：第 99 号．

郝春禄．2009. 现代服务业发展对策研究．社会科学辑刊，（2）：127-129.

何德旭．2004. 关于金融服务业的一个比较分析．金融理论与实践，（7）：30-35.

何圣东．2002. 非正式交流与企业集群创新能力．科学学与科学技术管理，（6）：44-46.

解学梅，曾赛星．2008. 科技产业集群持续创新系统运作机理：一个协同创新观．科学学研究，（8）：838-847.

金萍．2009．中国服务业吸收外资的现状与对策．理论前沿（2）：84-87．

景俊海．2008．科技园区的西安模式．北京：经济科学出版社：35-46．

来有为．2010．生产性服务业的发展趋势和中国的战略抉择．北京：中国发展出版社：17-38．

李朝鲜，李宝仁．2007．现代服务业评价指标体系与方法研究．北京：中国经济出版社：11-13．

李建军．2003．硅谷产学创新系统及其集群效应．山东科技大学学报（社会科学版），（9）：6-9．

李健．2004．总部经济与区域经济发展研究．唯实，（12）：16，17．

李江帆，顾乃华．2005．政府市场营销与发展总部经济．江海学刊，（1）：65-68．

李江帆，杨广．2007．2007～2008年：中国总部经济发展报告——总部经济与现代服务业发展的关系研究．北京：社会科学文献出版社：9，129．

李新，刘朝明，王敏晰．2009．中国高新区主导产业选择指标体系研究．科技进步与对策，（1）：71-75．

李雪，赵大平．2008．论高新区专业化水平对自主创新能力的影响．工业技术经济，（2）：15-17．

李焱．2008．总部经济：北京产业旋律最强音．投资北京，（1）：40- 43．

笠尚明．2005．西安高新技术产业开发区产业集群研究．西北大学硕士学位论文：45- 47．

联合国贸易和发展组织．2001．2001年世界投资报告．http：//wenku. baidu. com/view. html，[2008-10-20]．

林竞君．2004．嵌入性、社会网络与产业集群——一个新经济社会学的视角．经济经纬，（5）：305．

林文俏．2006．发展总部经济：广州走向国际化的新机遇．珠江经济，（6）：44- 47．

刘常勇．2004．政府在创新活动中的角色．http：//www. cme. org. tw [2008-09-29]．

刘高峡．2003．高新区创新网络中的金融中介组织．科技进步与对策，（12）：69，70．

刘芹，张永庆，樊重俊．2008．中日韩高科技园区发展的比较研究．管理现代化，（8）：122-124．

刘荣明．2006．现代服务业统计指标体系及调查方法研究．上海：上海交通大学出版社：7．

刘顺忠，景丽芳，荣丽敏．2007．知识密集型服务业创新政策研究．科学研究，（8）：795-797．

刘希宋，甘志霞，吕海军．2002．区域创新能力与中国科技园的发展．机电产品开发与创新．6：8-12．

刘筱，王铮，赵晶媛．2006．政府在高技术产业集群中的作用——以深圳为例．科研管理，（7）：36-43．

刘永彪．2007．世界高新技术产业开发区的成功案例及启示．经济纵横，（1）：41-43．

刘友金，郭新．2003．集群式创新形成与演化机理研究．中国软科学，（2）：91-95．

陆利华，张克俊．2007．我国与国外高新科技园区的比较研究．中国科技论坛，（3）：34-39．

马庆国．2002．管理统计：数据获取、统计原理、SPSS工具与应用研究．北京：科学出版社．291- 309．

迈克尔·E. 波特 . 2002. 国家竞争优势 . 李明轩，邱如美译 . 北京：华夏出版社：23-45.
潘海岚 . 2008. 中国现代服务业发展研究 . 北京：中国财政经济出版社：44-51.
秦敬云 . 2003. 总部经济：概念与现状 . 上海综合经济，(11)：56-59.
曲刚，李伯森 . 2001. 团队社会资本与知识转移的实证研究：交互记忆系统的中介作用 . 管理评论，23 (9)：109-118.
石琴，许国新 . 2006. 总部经济的形成机理及其效应分析 . 理论月刊，(8)：76-78.
史忠良，沈红兵 . 2005. 中国总部经济的形成及其发展研究 . 中国工业经济，(5)：62-65.
宋华静 . 2008. 高新区风险投资与企业孵化器融合发展探析 . 经济师，(8)：49，50.
孙万松 . 2004. 战略联盟与园区核心竞争力 . 管理现代化，(5)：26-28.
唐良智，曾卫勇，郑双怡 . 1997. 论我国高新技术开发区金融支撑体系的构建 . 科技进步与对策，(5)：61，62.
王德禄，张国亭 . 2009. 国外现代服务业发展借鉴 . 产业经济，(4)：250-252.
王凤洲，孔丰 . 2006. 总部经济发展战略及其成本效益分析研究 . 东南学术，(5)：75-80.
王浩 . 2007. 跨国公司地区总部与东道国城市互动研究 . 华东师范大学博士学位论文：59-63.
王皓 . 2007. 北京市高新技术企业冲刺“纳斯达克”评析 . 北京市经济管理干部学院学报，22 (4)：10-15.
王辑慈 . 2001. 创新的空间企业集群与区域发展 . 北京：北京大学出版社：26-37.
王军，魏建 . 2006. 总部经济的基本概念与发展路径研究 . 山东社会科学，(9)：28-31.
王铮，毛可晶，刘筱，等 . 2005. 高新技术产业聚集区形成的区位因子分析，地理学报，(7)：567-576.
王重鸣 . 1990. 心理学研究方法 . 北京：人民教育出版社 .
魏江，陶颜，王琳 . 2007. 知识密集型服务业的概念与分类研究 . 科技与经济，(1)：33-41.
魏江 . 2003. 小企业集群创新网络的知识溢出效应分析 . 科研管理，(24)：54-60.
魏江 . 2004. 知识密集型服务业与创新 . 北京：科学出版社：12-37.
魏永莲 . 2008. 北京创新型服务业的提出背景及发展特点分析 . 北京机械工业学院学报，(1)：66-69.
西安高新技术产业开发区管理委员会 . 2008*a*. 2007 年西安高新区经济与社会发展年鉴 .
西安高新技术产业开发区管理委员会 . 2008b. 2007 西安高新区发展研究报告 .
西安高新技术产业开发区管理委员会 . 2009*a*. 2009 年西安高新区经济与社会发展年鉴 .
西安高新技术产业开发区管理委员会 . 2009b. 2008 西安高新区发展研究报告 .
夏杰长 . 2007. 高新技术与现代服务业融合发展研究 . 北京：经济管理出版社：20-36.
肖健华 . 2005. 中国科技园区域创新能力的智能评价 . 系统工程，(8)：86-90.
肖永红，陈建成，张万艳 . 2007. 高新区创新、创业环境研究 . 山西财经大学学报，(7)：23-27.
新望 . 2009. 2008—2009 中国开发区创新能力评价报告 . 经济观察报 (2)：32-45.
邢涛 . 2007. 西安高新区企业知识产权管理问题与对策研究 . 西安理工大学硕士学位论文 .
徐冲 . 2008. 上海发展跨国公司总部经济的现状与对策 . 新重庆，(4)：43-45.

徐金发，江青虎，张宏．2006. 基于产业集群视角的总部经济分析．西北工业大学学报，(1)：1-5.
严璐．2005. 深圳西安高新技术产业国际化经营比较研究．西安工程大学硕士学位论文：57-62.
杨娜．2008. 上海现代服务业集群研究．华东师范大学硕士学位论文：46-48.
叶金福，李正锋．2006. 产业集群内知识创新能力影响因素的实证分析．科学学研究，(1)：8.
余钟夫．2004. 总部经济大有可为．http：//www. zgzbjj. com/lldt/61. htm [2008-09-28].
张克俊．2005. 我国高新科技园区建设的比较研究．成都：西南财经大学出版社：10- 31.
张克英．2007 合作研发中知识产权风险对合作行为及创新绩效影响的实证研究．西安交通大学博士学位论文：57- 59.
张秋生．2007. 面向2020年的"十一五"期间我国现代服务业发展纲要研究报告．北京：中国经济出版社：227，228.
张婷．2006. 区域知识创新与技术创新耦合的研究．武汉理工大学硕士学位论文：27-41.
张玉珍．2006. 知识密集型服务业在知识创新系统中的功能研究．情报杂志，(10)：129-132.
章华．2005. 社会网络嵌入与企业家创新．财经论丛，(4)：66-71
赵弘，王小兰．2007. 中关村创新型服务业发展报告．北京：社会科学文献出版社：11.
赵弘．2004. 论北京发展总部经济．中国创业投资与高科技，(2)：39-43.
赵弘．2004. 总部经济．北京：中国经济出版社：48-90.
赵弘．2005. 中国总部经济发展研究．北京：社会科学文献出版社：45-64.
赵弘．2007. 中国总部经济蓝皮书：中国总部经济发展报告（2007～2008）．北京：社会科学文献出版社：451-463.
赵红专．2006. 高新技术产业园区的产业集群与竞争力研究．西北工业大学博士学位论文：91-95.
证时．2006. 西安高新区形成四大产业集群．中国西部科技，(16)：31-36.
钟坚．2001. 日本筑波科学城发展模式分析．世界经济，(9)：31-34.
钟若愚．2006. 走向现代服务业．上海：上海三联书店：24-32.
朱亚明．2006. 社会资本对技术型中小企业中知识管理行为的影响研究．浙江大学硕士学位论文：19-33.
Alavi M，Leidner D E. 1999. Knowledge management system：Issues，challenges and benefits. Communication of AIS，1 (7)：1-37.
Alavi M，Leidner D E. 2001. Knowledge management and knowledge management systems：Conceptual foundations and research issues. MIS Quarterly，25 (1)：107-136.
Almeida P，Kogut B. 1999. Localisation of knowledge and the mobility of engineers in regional networks. Management Science，45 (7)：905-917.
Andersson U，Forsgren M. 1996. Subsidiary embeddedness and control in the multinational corporation. Management International Review，5 (10)：487- 508.
Andersson U，Forsgren M. 2000. In search of centre of excellence network embeddedness and

subsidiary roles in multinational corporation. Management International Review, 40: 329-349.

Anet W. 2005. Inter- organizational relationships and the innovative performance of software firms in the netherlands: does spatial proximity matter? Paper prepared for the Regional Studies Association International Conference "Regional Growth Agendas", Denmark, (5): 28-31.

Aydalot P, David K. 1988. High Technology Industry and Innovative Environments: The European Experience. London: Roufledge: 55-96.

Bhide A V. 2000. The Origin and Evolution of New Businesses. New York: Oxford University Press.

Choi B, Lee H. 2002. Knowledge management strategy and its link to knowl edge creation prcess. Expert Systems with Applications, 23 (3): 173-187.

Cohen W M, Levinthal D A. 1990. Innovation and learning: The two faces of R&D implications for the analysis of R&D investment. The Economic Journal, 29 (8): 569-596.

DeVellis R F. 1991. Scale Development Theory and Applications. London: SAGE.

Ellison G, Glaeser E. 1999. The geographic concentration of industry: Does natural advantage explain agglomeration? American Economic Review, 89 (2): 311-316.

Fallah M H, Ibrahim S. 2004. Knowledge spillover and innovation in technological clusters. Washington D C: IAMOT 2004 Conference: 3-5.

Feldman M P. 1994. The university and economic development: The case of Johns Hopkins University and Baltimore. The Economic Development Quarterly. (8): 67-77.

Florida R. 1995. Towards the learning region. Futures, 27 (5): 527-536.

Fosfuri A, Mota M. 2001. Foreign direct investments and spillovers through workers' mobility. Journal of International Economics, (53): 205- 222.

Garvin D A. 1983. Spin-off and the new firm formation process. California Management Review, (2): 11- 32.

Giddens A. 1984. The constitution of society. Oxford: Blackwell Publishers: 84-120.

Grant R M. 1996. Toward a knowledge- based theory of the firm. Strategic Management Journal, 17: 109-122.

Grant R M. 1996. Toward a knowledge- based theory of the firm. Strategic Management Journal, 17: 109-122.

Hannan M T, Freeman J. 1977. The population ecology of organizations. American Journal of Sociology, 82 (4): 929-964.

Hansen M T. 1999. The search- transfer problem: The role of weak ties in sharing knowledge across organization subunits. Administrative Science Quarterly, 44: 82-111.

Helmsing B. 2001. Externalities, learning and governance: New perspectives on local economic development. Development & Change, 32 (7): 277-308.

Henry Y, Poon J, Perry M. 2001. Towards a regional strategy: The role of regional headquarters and regional offices in the Asia Pacific. Urban Studies, (01): 24-43.

Inkpen A Cm, Tsang E W K. 2005. Social capital, networks and knowledge transfer. Academy of Management Review, 30 (1): 146-165.

Jay W, Michelle B, John V B. 2003. Understanding and measuring the effect of social capital on knowledge transfer within clusters of small-medium enterprises. 16th Annual Conference of Small Enterprise Association of Australia and New Zealand, (10): 578-582.

Kerlinger F N. 1986. Foundations of behavioral research. New York: Harcourt Brace Jovanovich: 35- 64.

Kieron M, Mark R. 2004. Network density and R&D spillovers. Journal of Economic Behavior & Organization, 53 (1): 237- 260.

Kim L. 1997. The dynamoics of Samsung's technological learning in semi-conductors. California Management Review, 39 (3): 86-100.

Kim L. 1998. Crisis construction and organizational learning: Capability building in catching-up at hyundai motor. Organization Science, 9 (4): 506-521.

Kogut B, Zander U, 1992. Knowledge of the firm, combinative capabilities and the replication of technology. Organization Science, 3 (3): 383-397.

Lane P J, Balaji, Pathak S. 2002. A thematic analysis and critical assessment of absorptive capacity research. Academy of Management Proceedings, (34): 467-489.

Larson A. 1992. Network dyads in entrepreneurial settings: A study of the governance of exchange relationships . Administrative Science Quarterly, 37 (4): 76-104.

Lasserre P, Schutte H. 1999. Strategies for Asia Pacific: Beyond the Crisis. South Yarra: Macmillan: 26-38.

Lawson C. 1999. Towards a competence theory of a region. Cambridge Journal of Economics, 23 (2): 151-166.

Lee C M, Miller W, Hancoek M, et al. 2001. The Silicon Valley Edge. Boston: Stanford University Press: 76-89.

Lee H, Choi B. 2003. Knowledge managemnet enablers processes, and organizational performance: An integrative view and empirical examination. Journal of Management Information System, 20 (1): 179-228.

March J G. 1991. Exploration and exploitation in organizational learning. Organization Science, (2): 71-87.

Melissa A S. 2005. 技术创新的战略管理．谢伟，王毅译．北京：清华大学出版社：127-133.

Michael F, Grit F. 2004. Innovation, regional knowledge spillovers and R&D cooperation. Research Policy, 33 (2): 245-255.

Monjon S, Waelbroeck P. 2003. Assessing spillovers from universities to firms: Evidence from French firm-level data. International Journal of Industrial Organization, (21): 1255-1270.

Morrison A, Ricks D, Roth K. 1991. Globalization versus, regionalisation: Which way for the multinational? Organizational Dynamics，(19)：46-58.

Muller E，Zenker A. 2001. Business services as actors of knowledge transformation：The role of KIBS in regional and national innovation systems. Research Policy，(30)：1501-1516.

Nahapiet J，Ghoshal S. 1998. Social capital，intellectual capital and the organizational advantage. Academy of Management Review，23 (2)：242-266.

Nonaka I，Takeuchi H. 1995. The Knowledge Creating Company：How Japanese Companies Create the Dynamics of Innovation. New York：Oxford University Press.

Nonaka I. 1990. Managing Globalization as a Self-Renewing Process：Experience of Japanese MNCs. London：Routledge：145-167.

Nonaka I. 1994. A dynamic theory of organizational knowledge creation. Organization Science，(5)：14-37.

Nonaka I，Takeuchi H. 1995. The knowledge- Creating Company：How Japanese Companies Creat the dynamics of Innovation. New York：Oxford University Press：64-87.

Olvaro E，Andrea F，Josep A T. 2002. Managing knowledge spillovers：The impact of absorptive capacity on innovation performance. Universidad Carlos III de Madrid，(8)：436-447.

Peter F D. 1993. Post-Capitalist Society. New York：Harper Business Press：13-25.

Peter J L，Balajikore，Seemantini P. 2002. A thematic analysis and critical assessment of absorptive capacity research. Academy of Management Proceedings，(34)：1321-1332.

Prahalad C K，Hamel G. 1990. The core competence of corporation. Harvard Business Review，68 (3)：79-91.

Rajshree A，Echambadi R，April M F. 2002. Knowledge transfer through inheritance：Spin- out generation，development and survival. The Journal of Academy of Management，(12)：317-326.

Rakesh B. 2002. Knowledge flows and industrial clusters：An analytical review of literature. Hawaii：East-west Center Economic Series，(6)：11，12.

Rosa G，Alessandro G. 2005. Business incubators and new venture creation：An assessment of incubating models. Technovation，(25)：111-121.

Sarin S，McDermott C. 2003. The effect of team leader characteristics on learning，knowledge application，and performance of cross-functional new product development team. Decision Sciences，34 (4)：707- 739.

Saxenian A. 1991. The origins and dynamics of production networks in silicon valley. Research Policy. 20 (5)：423-438.

Saxenian A. 1994. Regional Advantage：Culture and Competition in Silicon Valley and Route. Boston：Harvard University Press：7-21.

Siegel D S，Westhead P，Wright M. 2003. Science parks and the performance of new technology-based firms：A review of recent UK evidence and an agenda for future research. Small Business Economies，20 (2)：177.

Stephanie M, Patrick W. 2003. Assessing spillovers from universities to firms: Evidence from French firm-level. International Journal of Industrial Organization, 21: 1255-1270.

Takahashi H. 1998. Organization of International Business and the Real. Tokyo: Doubunkan: 45-67.

Tsai W, Ghoshal S. 1998. Social capital and value creation: The role of intrafirm networks. Academy of Management Journal, 41 (5): 464-476.

Tully K. 1998. Kudos count more than cost. Corporate Location, (03/04): 576-582.

Uzzi B. 1997. Social structure and competition in interfirm networks: The paradox of embeddedness. Administrative Science Quarterly, 42: 35-67.

Wesley M C, Daniel L. 1990. Absorptive Capacity: A new perspective on learning and innovation. Administrative Science Quarterly, 35: 128- 152.

Wiig K M. 1994. Knowledge Management: The central management focus for intelligent- acting organizations. Arlington, TX: Schema press: 81- 117.

Yoost D, Fisher J. 1996. Choosing regional HQs in Asia. International Tax Review, (03): 236-241.

Zahra G. 2002. Absorptive capacity: A review. Reconceptualization and Extension, 27 (2): 185- 203.

附　录

附录1：基于总部经济的西安高新区知识创新能力调查问卷

问卷编号：＿＿＿＿＿

尊敬的先生/女士：

您好！这是一份关于“基于总部经济的西安高新区知识创新能力研究”的西安市软科学项目、西安高新区管委会与西安工程大学合作项目调研问卷。本问卷旨在了解基于总部经济的西安高新区知识创新能力的实施现状，对发展西安高新区总部经济、改进和加强高新技术企业及高新区的知识管理工作、提高企业的竞争力、加速西安高新区的发展、打造中国科技创新中心、建设世界一流科技园区具有重要的现实意义。您的回答对本研究有关键性的影响，敬请您在百忙中抽空回答本次问卷。答题前请注意以下情况。

1. 为使问卷结论更为准确，本问卷最好由比较了解企业情况的中层以上的人员来回答。

2. 本问卷基本上采用了选择题和5分制打分，可根据您的印象或直觉判断来答题，无需时间考虑，本问卷没有标准答案，且与任何个人的价值标准无关。

3. 本问卷纯属学术研究目的，请您放心并尽可能客观回答。研究结果将以整体的统计分析数据进行报告，个体数据在研究结果中并不反映出来。未经本人同意，您填写的数据不会对外泄露。

4. 研究过程中，如您有任何问题或者宝贵意见，也欢迎您随时提出。

敬祝 工作顺利 身体健康！

西安高新技术产业开发区总部经济发展研究课题组

2008年7月30日

第一部分　企业基本信息

1. 填表人职位：____________________

2. 企业名称：____________________

3. 主导业务所在行业类型：____________________

　　(1) 电子信息　(2) 生物医药　(3) 先进制造　(4) 新材料、新能源

　　(5) 现代服务业　(6) 其他（请注明）____________________

4. 我们企业目前从事的最主要价值活动（单选）：____________

　　(1) 地区总部　(2) 行政管理　(3) 研发（R&D）(4) 营销

　　(5) 投融资管理　(6) 其他（请注明）____________________

5. 在西安高新区设立总部的最主要战略动机（单选）：____________________

　　(1) 寻求市场　(2) 寻求知识、人才、技术、经营经验等战略性资产

　　(3) 维护和提高区域品牌形象　(4) 降低成本

　　(5) 全球（国）战略部署　(6) 其他（请注明）______________

6. 企业总部现处于何种生命周期（单选）：____________________

　　(1) 进入期——企业进入某一地区并开始在该地区投资或者重新进入以前退出的市场，在进入期的地区总部是企业早期运作的一个平台。

　　(2) 发展期——企业在已经有业务的地区进一步扩张，将该地区的业务单元的成功经验和已获取的优势加以运用。

　　(3) 成熟期——企业在该地区已经占领优先的战略地位。地区内的业务单元已经发展成熟，地区总部负责业务单元共有的日常运营中的重要职能，制定地区战略，追求地区内业务单元之间的协同效应。

　　(4) 消退期——企业在地区内的业务单元拥有有效运营的独立组织，业务单元间很少有协同性。地区总部规模减小、职能减少，有可能被撤销或者只在总部有一个兼负相关事务的经理。

　　概念注释：“总部经济”是指作为经济区域中心的城市，通过创造各种有利条件吸引跨国公司和外埠大型企业集团的投资中心、管理中心、研发中心、采购中心、销售中心、结算中心、物流中心等，形成总部的集群布局，在优化提升本市的产业结构、形成合理的价值链分工的同时，通过向周边地区、全国乃至跨国界的地区实施经济管理、决策和服务等职能来促进本地及周边地区的经济发展。

第二部分　知识创新相关信息调查表

填表说明：

调查表中的每个问题都要求被调查者对其同意程度打分。分值体系采用的是5分值：从完全不同意（1分）到完全同意（5分）。请直接在数字上打钩，或者在题号前空格内填写数字，或者将您所选答案标上颜色。

附表 1-1

所选答案	编号	题项	完全不同意	不同意	一般	较同意	完全同意
	A1	我们企业能迅速收集并分析与本行业产品、服务等相关的数据、信息和知识	1	2	3	4	5
	A2	我们企业能持续跟踪行业最新技术发展水平	1	2	3	4	5
	A3	我们企业经常通过客户、战略同盟、中介机构或者竞争对手发掘与企业产品和服务相关的知识信息	1	2	3	4	5
	A4	我们企业员工都受过良好的培训，并有较好的教育背景	1	2	3	4	5
	A5	我们企业强调创建关于产品和服务的文档及数据库	1	2	3	4	5
	A6	我们企业重视通过收集管理和技术方面的数据、信息进行加工整合	1	2	3	4	5
	A7	我们企业拥有非常完善的电脑系统来协调企业的运营	1	2	3	4	5
	A8	我们企业的薪酬体制对员工能力的发挥有很大的激励作用	1	2	3	4	5
	A9	我们企业注重利用新知识获得竞争优势	1	2	3	4	5
	A10	我们企业能将先进的知识应用于产品设计或行动方案中	1	2	3	4	5
	A11	我们企业能快速地将新知识运用到企业关键的需求	1	2	3	4	5
	A12	我们企业在解决问题时能快速寻找到所需要的相关知识	1	2	3	4	5
	A13	我们企业各部门、各岗位均有明确的分工	1	2	3	4	5

续表

所选答案	编号	题项	完全不同意	不同意	一般	较同意	完全同意
	A14	我们企业定期评估新技术或知识的应用对企业绩效的影响	1	2	3	4	5
	B1	我们企业经常与竞争对手联系和交流	1	2	3	4	5
	B2	我们企业经常与大学科研机构、中介机构联系、交流	1	2	3	4	5
	B3	我们企业经常与高新区内同行企业联系、交流	1	2	3	4	5
	B4	我们企业经常参加高新区政府部门组织的一些交流活动	1	2	3	4	5
	B5	如果我们企业遇到困难，高新区愿意帮助的企业有很多	1	2	3	4	5
	B6	高新区内相互交往的企业或者机构彼此间信任度较高	1	2	3	4	5
	B7	企业开展日常业务活动时，经常用口头约定代替合同	1	2	3	4	5
	B8	通常担心高新区其他企业会窃取或挪用自己的主意和想法	1	2	3	4	5
	B9	我们企业对高新区以及高新区内的企业很了解	1	2	3	4	5
	B10	高新区企业在进行合作时，存在着潜在的操作流程和规范	1	2	3	4	5
	B11	高新区企业间在产业知识上沟通无障碍	1	2	3	4	5
	B12	高新区企业都会自觉维护区域名誉，积极建立区域品牌效应	1	2	3	4	5
	B13	我们企业与总部或者其他姊妹公司保持广泛的联系	1	2	3	4	5
	B14	我们企业与总部或者其他姊妹公司彼此相互信任	1	2	3	4	5
	B15	我们企业与其总部或其他姊妹公司拥有共同的价值观	1	2	3	4	5

续表

所选答案	编号	题项	完全不同意	不同意	一般	较同意	完全同意
	B16	我们企业对总部或者其他姊妹公司有着重要的战略地位	1	2	3	4	5
	C1	高新区有很优惠的政策吸引公司总部入驻	1	2	3	4	5
	C2	高新区有很大额度的创新基金以鼓励企业不断学习、创新	1	2	3	4	5
	C3	高新区内有明确的政策奖励有创新贡献的企业	1	2	3	4	5
	C4	高新区内有明确的政策奖励有创新贡献的知识员工	1	2	3	4	5
	C5	高新区鼓励企业有帮助需要时，向政府提出申请	1	2	3	4	5
	C6	高新区内 R&D 经费支持力度很大	1	2	3	4	5
	C7	我们企业对政府的管理和服务非常满意	1	2	3	4	5
	C8	高新区内可利用的科研成果较多	1	2	3	4	5
	C9	高新区内关于核心技术、市场需求等的信息量很大	1	2	3	4	5
	C10	高新区内很容易获得本企业所需要的人才	1	2	3	4	5
	C11	支持高新区内企业发展的投融资和中介服务体系（物流等）很完善	1	2	3	4	5
	C12	高新区内同行企业国际化程度很高	1	2	3	4	5
	C13	高新区营造出了很浓厚的创新、学习的文化氛围	1	2	3	4	5
	C14	高新区拥有很好的人居环境	1	2	3	4	5
	C15	高新区内拥有开放的经营环境	1	2	3	4	5
	D1	我们企业开发新产品的速度比预期要快	1	2	3	4	5
	D2	我们企业开发新产品的成功率很高	1	2	3	4	5
	D3	我们企业能将新的发明迅速实现商业化	1	2	3	4	5

续表

所选答案	编号	题项	完全不同意	不同意	一般	较同意	完全同意
	D4	我们企业新产品产值占总销售额的比例很大	1	2	3	4	5
	D5	我们企业的产品创新对盈利性提高贡献很大	1	2	3	4	5
	D6	我们企业的产品创新对市场份额的提高贡献很大	1	2	3	4	5

非常感谢您填写这份问卷！

附录二：西安高新区金融服务调查问卷

问卷编号：________

尊敬的先生/女士：

您好，这是一份关于“基于总部经济的西安高新区金融服务研究”的课题调研问卷。本研究旨在提升区域金融服务对高新技术企业的支撑力、改进并提升高新技术企业融资能力、增强企业的竞争力，并将为西安高新区的加速发展带来巨大的现实意义。您的回答对本研究有关键性的影响，敬请您在百忙中抽空回答本次问卷，同时您所填写资料未经您的允许将保密，仅作为学术研究之用！谢谢！

第一部分　企业基本信息

01 单位名称是：________________

02 企业发展阶段是：

①种子阶段　　②创业阶段　　③成长阶段　　④成熟阶段

03 企业的规模：

①小型企业（职工人数在 300 人以下，或销售额在3000万元以下，或资产总额在4000万元以下）

②中型企业（职工人数在 300～2000人，或销售额为3000万～30000万元，或资产总额为4000万～40000万元）

③大型企业（职工人数在2000人以上，或销售额在30000万以上，或资产总额为40000万元以上）

第二部分　金融服务具体情况

04 我们企业寻求贷款最看重的因素（请按重要程度依次选择三项）

①审批速度　　②可贷金额　　③担保方式　　④其他

05 我们企业未来最希望获得的融资途径是（请按严重程度依次选三项 ，比如：

①②③）

①金融机构贷款　②企业自身积累　③国家财政投入　④票据融资

⑤私人资本投入　⑥外商及港澳台商投资

⑦股票市场融资　⑧债券市场融资　⑨高技术企业创业创新基金

⑩企业之间融资　□其他

06 您认为企业目前通过股票或债券市场进行融资

①比较方便　②一般　③比较困难　④非常困难

⑤本企业从未关注过

07 您对中介机构在融资、投资、收购兼并等活动中所提供服务的评价是

①服务全面，效率很高　②服务较好，效率较高

③服务水平有待进一步改进　④服务很差，效率低下

08 请您从感性角度对西安高新区的金融服务水平总体情况进行综合的评价打分

08－1 您对园区金融服务建设的总体满意度如何

①很不满意　②不满意　③不太满意

④比较满意　⑤非常满意

08－2 金融服务软环境建设水平（如金融产业政策制度、资本市场融资、银行系统融资）

①很差　②比较差　③一般　④好　⑤很好

08－3 金融服务硬环境建设水平（如金融产业结构及规模、金融产业配套平台）

①很差　②比较差　③一般　④好　⑤很好

09 我们企业选址高新区的主要原因（请在您认同的选项上打√，不多于三个）

①有利于提升公司声誉　②区域有利的创新氛围

③有利于提高竞争力　④接近市场客户

⑤接近专业服务机构（如金融服务、法律等中介服务机构）

⑥接近高素质人才　⑦优惠的政策、制度

⑧接近信息交流中心

第三部分　金融服务体系对企业融资绩效影响因素分析

以下题目描述了西安高新区金融服务建设中的诸多因素，请您根据对西安高新区的了解以及本企业实际情况，回答下列问题。1～5 表示对所陈述语句的赞同程度，从完全不同意到完全同意，其中 1——完全不同意，2——不太同意，3——一般同意，4——比较同意，5——完全同意。在你认为的适合的数

字上画“√”。(以下指标研究范围仅包括西安高新技术产业开发区及区内高新技术企业。)

附表 2-1　金融服务软硬件环境

题号	金融结构与规模	完全不同意──→完全同意 1──→5				
1－1	我认为，区域内银行、证券、保险机构的数量充足	1	2	3	4	5
1－2	我认为，区域内银行、证券、保险机构业务所占市场份额相对其他区域比例高	1	2	3	4	5
1－3	我认为，融资租赁机构数量及业务种类丰富	1	2	3	4	5
1－4	我认为，信托公司数量及业务设置齐全	1	2	3	4	5
1－5	我认为，外资金融机构数量及业务设置丰富	1	2	3	4	5
1－6	我认为，区域、民营中小银行数量及业务设置丰富	1	2	3	4	5
题号	高新技术产业的金融宏观环境	完全不同意──→完全同意 1──→5				
1－7	我认为，现行金融法律法规完备，无漏洞	1	2	3	4	5
1－8	我认为，现行金融法律法规高效可行	1	2	3	4	5
1－9	我认为，信用文化及社会信用的大环境好	1	2	3	4	5
1－10	我们企业信用水平外界评价很高	1	2	3	4	5
1－11	我认为，信用风险评级制度指标合理，可操作性强	1	2	3	4	5
1－12	我认为，信用中介对于企业贷款有极大的正向促进作用	1	2	3	4	5
1－13	我认为，针对高新技术企业的税收制度极大地促进了企业发展	1	2	3	4	5
1－14	我认为，高新区税前项目扣除的范围和标准应扩大	1	2	3	4	5
1－15	我认为，金融监管部门极大促进了金融市场健康稳定发展	1	2	3	4	5
1－16	我认为，政策性金融体系（如国发行、进出口银行等）极大地提升了企业融资效率	1	2	3	4	5

续表

题号	金融产业配套平台	完全不同意——→完全同意 1——→5				
1—17	我认为，土地、办公楼、劳动力等商务成本低	1	2	3	4	5
1—18	我认为，区内交通、通信网络发达	1	2	3	4	5
1—19	我认为，财务咨询机构制度健全，作用显著	1	2	3	4	5
1—20	我认为，法律咨询机构制度健全，作用显著	1	2	3	4	5
1—21	我认为，资信评级机构制度健全，作用显著	1	2	3	4	5
1—22	我认为，项目评估机构制度健全，作用显著	1	2	3	4	5
1—23	我认为，在高新区设立企业，可以间接享有很高的品牌效应	1	2	3	4	5
1—24	我认为，高新区平台上，与国内外市场的沟通及联系更加方便	1	2	3	4	5
1—25	我认为，高新区企业商务交流机会（会展、博览会、洽谈会等）多于区外其他企业	1	2	3	4	5
题号	证券市场	完全不同意——→完全同意 1——→5				
1—26	我们有机会与投融资专业学者方便地进行面对面交流	1	2	3	4	5
1—27	我们有机会和投资专业人士方便地进行面对面交流	1	2	3	4	5
1—28	我们觉得在区内投融资专业服务人员经验丰富，对企业有帮助	1	2	3	4	5
1—29	我们觉得区内优惠政策，吸引了大量的国内外金融人才	1	2	3	4	5
1—30	我们周边大学有很多学校设立了财政金融专业	1	2	3	4	5

附表 2-2　资本市场

题号	证券市场	完全不同意——→完全同意 1——→5				
2—1	我认为，区内高新技术企业发行股票融资很普遍	1	2	3	4	5

续表

题号	证券市场	完全不同意→完全同意 1→5				
2—2	我认为，区内高新技术企业发行股票融资比例高	1	2	3	4	5
2—3	我认为，区内高新技术企业发行债券融资很普遍	1	2	3	4	5
2—4	我认为，区内高新技术企业发行债券融资比例高	1	2	3	4	5
2—5	我认为，区内高新技术企业利用票据融资很普遍	1	2	3	4	5
2—6	我认为，区内高新技术企业利用票据融资比例高	1	2	3	4	5
2—7	我认为，区内高新技术企业利用基金融资很普遍	1	2	3	4	5
2—8	我认为，区内高新技术企业利用基金融资比例高	1	2	3	4	5
题号	风险投资	完全不同意→完全同意 1→5				
2—9	我认为，区内有关风险投资损失补贴制度等优惠政策能吸引更多风险投资商	1	2	3	4	5
2—10	我认为，区域内现有的民间（私人）风险投资对企业作用很大	1	2	3	4	5
2—11	我认为，风险企业上市十分有利于筹措到风险投资	1	2	3	4	5
2—12	我认为，风险企业股份回购机制十分有利于企业筹措到风险投资	1	2	3	4	5
2—13	我认为，非上市公司股权转让系统十分有利于企业筹措到风险投资	1	2	3	4	5
2—14	我认为，风险企业兼并重组十分有利于企业筹措到风险投资	1	2	3	4	5
题号	知识技术产权交易	完全不同意→完全同意 1→5				
2—15	我们可以选择的交易客体（物权、股权、知识产权等）种类丰富	1	2	3	4	5
2—16	我认为产权转让交易方式合理便捷	1	2	3	4	5
2—17	我认为产权转让交易的业务流程快捷实用	1	2	3	4	5

续表

题号	知识技术产权交易	完全不同意→完全同意				
		1→5				
2—18	我认为产权交易中心的作用显著	1	2	3	4	5

附表 2-3　间接融资系统

题号	银行系统	完全不同意→完全同意				
		1→5				
3—1	我认为，高科技中小企业贷款申请程序简捷	1	2	3	4	5
3—2	我们可以方便地找到所需办理业务的银行网点	1	2	3	4	5
3—3	我认为，银行现行的信用担保贷款合理有效	1	2	3	4	5
3—4	我认为，政策性担保机构很好地防范和化解了融资风险	1	2	3	4	5
3—5	我认为，信用担保机构应设立创业专项资金担保体系	1	2	3	4	5
3—6	我认为，银行现行的抵押贷款方式合理有效	1	2	3	4	5
3—7	我认为，银行现有金融产品基本满足企业所需	1	2	3	4	5
3—8	我们企业所处的各个不同阶段，都有合适的投融资产品可供选择	1	2	3	4	5
3—9	我认为，针对高新技术企业的科技险种非常实用	1	2	3	4	5
3—10	我认为，企业交付的科技险种保费被纳入研发费用非常合理	1	2	3	4	5
3—11	我认为，现有的保险市场能很好地化解企业财务风险	1	2	3	4	5
3—12	我认为，科技保险风险数据库作用显著	1	2	3	4	5
3—13	我认为，西安高新区专为高新技术企业设置的保险机构十分重要	1	2	3	4	5
3—14	我认为，西安高新区正在配合国家政策积极开展新的保险手段，不断满足区内企业的需要	1	2	3	4	5

附表 2-4 融资绩效水平

题号	融资能力	完全不同意——→完全同意 1——→5				
4—1	我们企业主要利用私人风险投资者、保险、基金、股票等方式融资	1	2	3	4	5
4—2	我们企业主要利用商业信用、发行债券等方式融资	1	2	3	4	5
4—3	我们企业固定资产绝大多数都是近期购入	1	2	3	4	5
4—4	我们企业资产中的无形资产比例很高	1	2	3	4	5
4—5	我们企业有多种融资渠道	1	2	3	4	5
4—6	我们企业资金类型远不止一种	1	2	3	4	5

附表 2-5 财务绩效水平

题号	财务绩效水平	完全不同意——→完全同意 1——→5				
5—1	我们企业与同行业比较，销售获利率水平高	1	2	3	4	5
5—2	我们企业与同行业比较，投资报酬率水平高	1	2	3	4	5
5—3	我们企业与同行业比较，销售成长率水平高	1	2	3	4	5
5—4	我们企业与往年相比，市场占有率水平显著提高	1	2	3	4	5
5—5	我们企业与同行业比较，总资产增长率高	1	2	3	4	5
5—6	我们企业资产负债率符合行业标准	1	2	3	4	5
5—7	我们企业流动比率符合行业标准	1	2	3	4	5

再次感谢您的帮助，谢谢！

附录三：2007年入驻西安高新区的总部企业名单

附表3-1 直接投资西安高新区的世界500强企业基本情况

序号	名称	区内企业名称
1	日本富士通公司	1. 西安富士通信设备有限公司 2. 富士通（西安）系统工程有限公司
2	日本电气公司NEC	西安NEC
3	德国罗伯特博士公司	联合汽车电子有限公司西安工厂
4	百事可乐	1. 西安百事可乐饮料有限公司 2. 百胜餐饮（西安）有限公司
5	美国霍尼维尔	1. 西安盛赛尔电子有限公司 2. 西安赋创控制系统有限公司
6	香港和记黄埔	和记黄埔地产（西安）有限公司
7	荷兰飞利浦公司	研发中心
8	加拿大北电网络公司	
9	艾默生电器	艾默生网络能源（西安）有限公司
10	东芝-兴仪	日本东芝电器
11	花旗集团	西安亿鑫物业管理（金花）有限公司

附表3-2 在西安高新区设立办事处和分支机构的世界500强企业基本情况

序号	名称	2005年排序
1	美国国际商用机器公司（IBM）	20
2	美国英特尔公司（INTEL）	141
3	西门子公司	78

续表

序号	名称	2005年排序
4	中国石化	215
5	中国电信	31
6	德国宝马	262
7	联合快递	71
8	敦豪快递DHL	215
9	法国罗纳普朗克公司	394

附表3-3　直接投资西安高新区的世界知名公司基本情况

序号	名称	区内企业名称	备注
1	美国美光科技有限公司	美国美光半导体（西安）有限公司	美国500强企业
2	美国应用材料有限公司	应用材料投资（中国）有限公司	全球集成电路装备
3	星巴克	西安星巴克咖啡有限公司	服务行业知名企业
4	日本兄弟公司	1. 西安兄弟标准有限公司 2. 兄弟缝纫机（西安）有限公司	
5	日本大金公司	西安大金庆安制冷有限公司	
6	香港中华煤气	易高科技（西安）有限公司	世界华资10强企业
7	德国英飞凌	1. 英飞凌科技（西安）有限公司 2. 奇梦达科技（西安）有限公司	世界集成电路行业2005年排第3
8	日本古河电工有限公司	1. 古河光线（西安）有限公司 2. 西古光纤光缆有限公司	世界行业排第1或第2
9	美国国际整流器公司	1. 西安爱尔半导体制造有限公司 2. 爱尔微电子（西安）有限公司	
10	美国伊顿公司	伊顿法士特齿轮（西安）有限公司	全球最大卡车部件生产商
11	台湾友立资讯	西安友立资讯软件有限公司	全球多媒体软件领先企业

续表

序号	名称	区内企业名称	备注
12	美国盛普软件公司	盛普软件（西安）有限责任公司	全球第一大统计软件公司
13	美国赛贝斯公司	赛贝斯软件中国有限责任公司西安分公司	全球最大的独立软件生产公司
14	新加坡腾飞集团	西安腾飞信息技术孵化器有限公司	
15	香港国中控股公司	西安国中星城职业有限公司	
16	法国西亚特公司	西亚特（西安）空调设备有限公司	
17	瑞萨	西安瑞微系统技术有限公司	世界500强企业日立和三菱合资的企业，是全球MUC最大研发制造商

附表 3-4　总部入驻西安高新区的国内企业

行业	企业名称
集成电路产业	英飞凌科技、深亚电子、华讯微电子、能讯微电子
通讯设备产业	大唐电信、海天天线、嘉载通信、西电捷通、华为技术、中兴通讯、展英通讯、宇龙手机
软件产业	Intervideo、西雅图、天河软件、三若科技、未来国际、协同软件、博通资讯、捷普网络、山脉科技、新生代技术和交大长天、理诺、爱默生、神州数码、炎兴科技、葡萄城、丝路软件、信利软件
光机电一体化设备产业	横河西仪、四联智能、爱德华测量、远征科技、中星测控、飞秒光电、庆安制冷大金庆安、科龙远东、北村数控、同维电力、中扬电气、银河自动化、非晶科技、爱生集团、翔宇科技、天和集团
生物医药产业	步长制药、千禾药业、大唐制药、交大保赛、告天药业、益尔制药、东盛集团、力邦药业、金花药业
航空、航天产业	西飞集团、西安飞机设计研究院、航天六院、航天四院
材料、新能源产业	西部材料、金堆城钼业、陕西有色集团、开米、瑞联液晶、中石油研究所、龙图科技、海洋洁净、联合超滤
电子元器件产业	西京电气、创联电器、富士达、科耐特、彩虹股份、康鸿电子、瑞联

资料来源：西安高新区管委会，西安高新区2008年经济与社会发展年鉴

后　记

本书在前期项目研究成果的基础上，经整理规划，无论是内容的组织思路，还是内容的表现形式，都力求形成自己的特色，尝试将理论知识与实践经验、发展趋势与认知规律有机结合。首先，在内容的选取上，符合时代背景，本书紧扣现代区域经济发展的新形势，在转变经济发展方式的时代背景下，结合理论发展深入剖析区域发展所面临的主要问题，寻找解决途径。本书既重视对基本理论的介绍分析，也重视对区域发展经验的总结与分析，使读者不仅能够学习并掌握基本理论，还能够了解相关实践知识。其次，在逻辑框架构建中，本书的撰写隐含着两条逻辑路径，即从现代服务业到创新型服务业，再到创业型服务业的一种具体模式——总部经济；从实践到理论，再到政策。在形式上分为上下两篇共10章，这样的布局形式反映了本书的基本结构和内容，重点明确，体系完备，层次清晰。最后，在素材选取上，新颖丰富，本书所用的文献资料和数据分析均基于区域的实际发展动态，素材丰富，可借鉴性强，能够为理论研究者和实践工作者提供最新的信息和正确的指南。

本书是团队合作的结果，凝聚了研究团队成员的大量心血，在此对团队成员李云飞、高峰、李军训、张谦、潘华平、单菲、白丹、陈思佳表示衷心的感谢！在本书相关资料收集的过程中，得到了西安市政府有关人员和西安高新区管理委员会副主任刘明华与姜建春，西安高新区管理委员会发展策划局局长邓飞龙、副局长刘贺、博士蒋仁国、黄海东、解严、周滢、安妮、陈燕等的热情帮助，在此表示衷心感谢。科学出版社的编辑李奕、程凤为本书作了编辑工作，在此表示衷心感谢。

本书的出版得到了陕西省科技学术厅、西安高新区管理委员会发展策划局、陕西省高校哲学社会科学研究基地（纺织经济管理研究中心）与西安工程大学博士科研启动基金的大力支持与帮助，在此表示感谢；编写过程中还参考了很多著作与论文，在此对相关作者一并致谢。由于编者水平有限，书中难免会有不妥和疏漏之处，欢迎广大读者提出批评和建议，以使本书内容体系更加完善。

作　者

2012年8月6日

“21 世纪科技与社会发展丛书”
第一辑书目

《国家创新能力测度方法及其应用》
《社会知识活动系统中的技术中介》
《软件产业发展模式研究》
《软件服务外包与软件企业成长》
《追赶战略下后发国家制造业的技术能力提升》
《城市科技体制机制创新》
《休闲经济学》
《科技国际化的理论与战略》
《创新型企业及其成长》
《劳动力市场性别歧视与社会性别排斥》
《开放式自主创新系统理论及其应用》

第二辑书目

《证券公司内部控制论》
《入世后中国保险业竞争力评价与对策》
《服务外包系统管理》
《高学历科技人力资源流动研究》
《国防科技资源利用与西部城镇化建设》
《风险投资理论与制度设计研究》
《中国金融自由化进程中的安全预警研究》
《中国西部区域发展路径——层级增长极网络化发展模式》
《中国西部生态环境安全风险防范法律制度研究》
《科技税收优惠与纳税筹划》

第三辑书目

《大学-企业知识联盟的理论与实证研究》
《网格资源的经济配置模型》
《生态城市前沿探索——可持续发展的大连模式》
《财政分权与中国经济增长关系研究》
《科技企业跨国并购规制与实务》
《高新技术产业化理论与实践》
《政府研发投入绩效》
《不同尺度空间发展区划的理论与实证》
《面向全球产业价值链的中国制造业升级》
《地理学视角的人居环境》
《科技型中小企业资本结构决策与融资服务体系》

第四辑书目

《工程项目控制与协调研究》
《国有企业经营者激励与监督机制》
《行风评议：理论、实践与创新》
《陕西关中传统民居建筑与居住民俗文化》
《知识型人力资本胜任力研究》

第五辑书目

《中国居民消费需求变迁及影响因素研究》
《沿海经济带建设的法律视域》
《典型海岛生态安全体系研究》
《老工业基地振兴中的新型技术改造战略》
《辽宁老工业基地振兴绩效与战略升级》
《行业划转院校发展战略研究》
《区域创新与生态效率革命》
《中国科技崛起的人才优势》